Andreas Berkenkamp

Die Arbeit der JAV

Fragen und Antworten

Mit Online-Quiz unter
www.bund-verlag.de/faq-quiz

Andreas Berkenkamp

Die Arbeit der JAV

Grundlagen nach dem BetrVG
Typische Handlungsfelder
Praxistipps

BUND
VERLAG

Bibliografische Information der Deutschen Nationalbibliothek
Die Deutsche Nationalbibliothek verzeichnet diese Publikation in der Deutschen Nationalbibliografie; detaillierte bibliografische Daten sind im Internet über *http://dnb.d-nb.de* abrufbar.

Umschlag: fsvk designbüro für visuelle kommunikation, Großostheim
Satz: Dörlemann Satz, Lemförde
Druck: CPI books GmbH, Birkstraße 10, 25917 Leck

ISBN 978-3-7663-7420-2

kontakt@bund-verlag.de
www.bund-verlag.de

Inhaltsverzeichnis

Abkürzungsverzeichnis

Abs.	Absatz
Art.	Artikel
BetrVG	Betriebsverfassungsgesetz
BBiG	Berufsbildungsgesetz
BR	Betriebsrat
bspw.	beispielsweise
BUrlG	Bundesurlaubsgesetz
bzw.	beziehungsweise
d. h.	das heißt
GBR	Gesamtbetriebsrat
ggf.	gegebenenfalls
GJAV	Gesamt-Jugend- und Auszubildendenvertretung
i. d. R.	in der Regel
i. V. m.	in Verbindung mit JArbSchGJugendarbeitsschutzgesetz
JAV	Jugend- und Auszubildendenvertretung
KJAV	Konzern-Jugend- und Auszubildendenvertretung
KSchG	Kündigungsschutzgesetz
Nr.	Nummer
o. g.	oben genannt/e
PflAPrV	Ausbildungs- und Prüfungsordnung für die Pflegeberufe
PflBG	Pflegeberufegesetz
sog.	sogenannt/e
u. a.	unter anderem
usw.	und so weiter
u. U.	unter Umständen
vgl.	vergleiche
z. B.	zum Beispiel

Einleitung

Jugend- und Auszubildendenvertretungen sind in vielen Betrieben eine feste Institution. In anderen Betrieben werden sie neu gegründet und müssen ihre Möglichkeiten erst kennenlernen. Jugend- und Auszubildendenvertretungen sind das gewählte Sprachrohr der Jugendlichen und Auszubildenden. Diese Funktion nehmen sie insbesondere gegenüber bzw. zusammen mit dem Betriebsrat wahr und versuchen so z. B. Auszubildende zu schützen oder positiven Einfluss auf die Ausbildung zu nehmen. Dafür sieht das Betriebsverfassungsrecht Regelungen für eine enge Zusammenarbeit zwischen Betriebsrat und JAV vor. Zudem bestehen im Betriebsverfassungsgesetz (BetrVG) Rahmenbedingungen, nach denen die JAV ihrer Arbeit nachgehen kann. Einige Arbeitgeber schätzen das Engagement für die Jugendlichen und Auszubildenden. Da dies aber leider nicht die Sichtweise von allen Arbeitgebern ist, hat der Gesetzgeber Vorschriften zum Schutz der JAV-Mitglieder verankert.

Dieses Buch beantwortet häufige Fragen, die sich den Mitgliedern der JAV im Laufe ihrer Amtszeit stellen. Die Fragen beschränken sich nicht nur auf das BetrVG, sondern behandeln eine Reihe weiterer JAV-typischer Themenbereiche, wie z. B. das Berufsbildungsgesetz bzw. das Krankenpflegegesetz, das Jugendarbeitsschutzgesetz, das Arbeitszeitgesetz und das Bundesurlaubsgesetz.

Am Ende des Buches sind die Gesetzestexte der JAV-spezifischen Paragrafen des BetrVG, einschließlich der Gesetzestexte aus den Verweisen auf die anzuwendenden Vorschriften der Betriebsräte und den für die JAV wichtigsten Beteiligungsrechten des Betriebsrates in Auszügen abgedruckt.

Der Gesetzgeber hat bereits im ersten BetrVG nach dem zweiten Weltkrieg 1952 entschieden, dass Jugendliche, also unter 18-jährige, eine eigene Interessenvertretung benötigen. Hintergrund war u. a. der Jugendarbeitsschutz und der Schutz vor Ausbeutung als billige Arbeitskräfte. 1988 wurden die damaligen Jugendvertreter in Jugend- und Auszubildendenvertreter aufgewertet. Sie waren nunmehr auch für Auszubildende im Alter von bis zu 25 Jahren zuständig. Diese Altersgrenze besteht seit dem Betriebsrätemodernisierungsgesetz von 2021 nicht mehr. Die JAV ist seitdem für alle Auszubildenden, unabhängig vom Alter zuständig. Die stetige gesetzliche Aufwertung der Vertretung der Jugendlichen und Auszubildenden zeigt die steigende Bedeutung dieser Interessenvertretung.

A. Grundlagen

I. Aufgaben einer JAV

Vielfach ist zu hören, dass der Betriebsrat Vermittler zwischen Arbeitgeber und Beschäftigten und die JAV Vermittler zwischen Ausbildung/Arbeitgeber und den Auszubildenden sein sollen. Dies ist beides so nicht richtig, wie das Bundesarbeitsgericht auch schon richtig festgestellt hat. Vielmehr sind Betriebsrat und JAV gewählte Vertreter der Interessen der Beschäftigten bzw. der Jugendlichen und Auszubildenden (vgl. BAG vom 21.4.1983 – 6 ABR 70/82). Dies ergibt sich nicht nur aus der Tatsache, dass diese ihre Interessenvertretung gewählt haben. Vielmehr ergibt sich aus den Vorschriften des BetrVG ein klarer Auftrag zugunsten der Jugendlichen und Auszubildenden zu handeln. Wie diese arbeitnehmerorientierte Tendenz der Interessenvertretung konkret ausgestaltet wird, unterliegt der Entscheidungshoheit der JAV.

1. Warum gibt es überhaupt eine besondere Interessenvertretung für Jugendliche und Auszubildende?

Jugendliche und Auszubildende stehen in der Regel am Anfang ihres Berufslebens. Es ist ein großer Schritt, von der Schule in das Erwerbsleben mit anderen Regelungen und Aufgaben. Für nicht wenige entstehen deshalb während der Ausbildung Schwierigkeiten. Außerdem gilt es die Ausbildung der Auszubildenden zu stärken und gleichzeitig die Auszubildenden davor zu schützen als günstige Arbeitskräfte ausgenutzt zu werden. Zusätzlich kann auch das oftmals junge Alter und die damit verbundene

Unerfahrenheit zu weiteren Problemen führen. Um der besonderen Alters- und Lebenssituation von Jugendlichen und Auszubildenden gerecht zu werden, wurde mit der JAV eine besondere Vertretung gegründet. Damit diese Ansprechpartner nah an deren Belangen sind, müssen sich Kandidaten für die JAV entweder noch selbst in der Ausbildung befinden oder dürfen als Ausgelernte noch nicht 25 Jahre alt sein.
Zudem erfolgt die Berufsausbildung nach gesetzlichen Vorgaben, deren Überprüfung auf Einhaltung ein wichtiger Aspekt der JAV-Arbeit darstellt. Hier entlastet eine gute JAV den Betriebsrat und stellt gleichzeitig das Sprachrohr für eine Personengruppe mit häufig ganz besonderen Problemen. Dies kann im Einzelfall auch zu unterschiedlichen Einschätzungen der JAV und des Betriebsrats führen. Hier ist es dann Aufgabe der JAV, dem Betriebsrat die besonderen Interessen der Jugendlichen und Auszubildenden nahe zu bringen.

2. Welche Aufgaben hat eine JAV?

Die Aufgaben der JAV sind in § 70 BetrVG festgelegt. So gehört es zu ihren Aufgaben Maßnahmen, die den Jugendlichen und Auszubildenden und der tatsächlichen Gleichberechtigung dienen, beim Betriebsrat zu beantragen (Antragsrecht).
Sie hat darüber zu wachen, dass die zugunsten der Jugendlichen und Auszubildenden geltenden Vorschriften wie Gesetze und Tarifverträge eingehalten werden (Überwachungsrecht).
Die JAV hat Anregungen der Jugendlichen und Auszubildenden entgegenzunehmen und ggf. beim Betriebsrat auf eine Erledigung hinzuwirken. Außerdem hat die JAV die Integration ausländischer Arbeitnehmer:innen zu fördern und entsprechende Maßnahmen beim Betriebsrat zu beantragen.
Ein weiterer wichtiger Punkt ist nicht ausdrücklich aufgeführt, ergibt sich aber aus der Funktion der JAV: Sie hat die Interessen der Jugendlichen und Auszubildenden zu vertreten. Wie dies im Einzelfall geschieht, ist die Entscheidung der JAV.

3. Muss die JAV immer genau das tun, was die Auszubildenden von ihr wollen?

Die JAV ist zwar die Interessenvertretung für Jugendliche und Auszubildende, aber sie entscheidet selbst, wie sie diese Aufgabe umsetzt. So hat die JAV nur Anregungen an den Betriebsrat weiterzuleiten, wenn sie diese als berechtigt erachtet (§ 70 Abs. 1 Nr. 3 BetrVG). Außerdem kann es Situationen geben, in denen die JAV einzelne Auszubildende vor sich selbst schützen muss, wie z. B. bei Mehrarbeit oder Wochenendarbeit. Möglich sind auch Fälle, bei denen die Auszubildenden selbst kein Interesse an einem bestimmten Ausbildungsabschnitt haben, der jedoch im Ausbildungs(rahmen)plan festgelegt ist. Um eine qualifizierte Ausbildung zu erhalten, müssen diese Inhalte jedoch auch aus Sicht der JAV vermittelt werden. Wenn sich hier die JAV für die Durchführung des Ausbildungsabschnittes einsetzt, geschieht dies auch »zugunsten« der Auszubildenden, auch wenn ihnen das zunächst anders erscheint.

Praxistipp
Gerade in den Fällen, in denen die Position einiger Auszubildenden von der Position der JAV abweicht, ist die Kommunikation zwischen Auszubildenden und JAV besonders wichtig. Die JAV sollte mit den Auszubildenden über die Themen sprechen und ihren Standpunkt erläutern. Diese Gespräche können mit oder ohne Betriebsrat durchgeführt werden. Gute Gelegenheiten dafür sind die Ausbildungsplatzbegehungen, die Sprechstunden oder die Jugend- und Auszubildendenversammlung.

4. Kann die JAV eigenständig handeln?

Die Jugend- und Auszubildendenvertretung ist kein eigenständiges Organ. Das bedeutet, dass auch die Interessen der Jugendlichen und Auszubildenden vom Betriebsrat gegenüber dem Arbeitgeber vertreten werden und der Betriebsrat die Beteiligungsrechte wahrnimmt. Die JAV ist hieran zu beteiligen, aber ohne den Betriebsrat kann sie die Interessen der Jugendlichen und Auszubildenden nicht durchsetzen.

5. Warum sollte man sich in der JAV engagieren?

Der Gesetzgeber hat erkannt, dass es gut ist, wenn Jugendliche und Auszubildende ihre eigene Interessenvertretung haben. Um diese Interessen aber wirksam vertreten zu können, braucht es engagierte JAV-Mitglieder. Nur so können z. B. Missstände in der Ausbildung aufgedeckt und verändert werden. Eine gute JAV-Arbeit sichert also auch die Qualität der Ausbildung.
Persönlich erhält man als JAV-Mitglied z. B. durch die Teilnahme an Betriebsratssitzungen interessante Einblicke in betriebliche Abläufe. Außerdem dienen z. B. Schulungen für JAV-Mitglieder und die Teilnahme an Gesprächen bzw. Verhandlungen der individuellen Persönlichkeitsentwicklung.
Außerdem macht es Spaß, sich in dieser Form zu engagieren und vielleicht sogar den einen oder anderen Erfolg zugunsten der Auszubildenden zu erreichen.

6. Bin ich als JAV-Mitglied vor dem Arbeitgeber geschützt?

Als Mitglied der Jugend- und Auszubildendenvertretung kann es sein, dass man bei der Vertretung der Interessen der Jugendlichen und Auszubildenden auch mal in den Konflikt mit dem Arbeitgeber gerät. Damit man seinen Aufgaben ohne Angst nachkommen kann, haben JAV-Mitglieder, wie auch Betriebsratsmitglieder einen besonderen Schutz. Dieser beinhaltet zum einen den besonderen Kündigungsschutz (§ 15 Abs. 1 KSchG), aber auch eine Übernahmeverpflichtung des Arbeitgebers nach der Ausbildung (§ 78a BetrVG). Zudem dürfen JAV-Mitglieder wegen dieser Tätigkeit nicht benachteiligt werden (§ 78 BetrVG).

7. Was hat die JAV mit der Gewerkschaft zu tun?

Sowohl die Gewerkschaften als auch die JAV und der Betriebsrat vertreten die Interessen von Beschäftigten bzw. ihren beschäftigten Mitgliedern. Für den Betriebsrat und die JAV ist die Grundlage hierfür das Betriebsverfassungsgesetz. Für die Gewerkschaften besteht die Grundlage in der Koalitionsfreiheit nach Art. 9 Abs. 3 Grundgesetz. Außerdem werden den Gewerkschaften im BetrVG ausdrückliche Rechte zugewiesen. So besteht ein Anspruch der im Betrieb vertretenen Gewerkschaften an der Betriebs- bzw. Jugend- und Auszubildendenversammlung (§§ 46, 71 BetrVG) teilzunehmen und den Betrieb zu betreten (§ 2 Abs. 2 BetrVG). Auf Einladung der JAV oder des Betriebsrats kann die im Gremium vertretene Gewerkschaft auch an den entsprechenden Sitzungen teilnehmen. Hierdurch wird die vom Gesetzgeber gewünschte und in vielen Betrieben übliche Zusammenarbeit zwischen Gewerkschaft und JAV/Betriebsrat deutlich.

II. Rechte und Pflichten der JAV-Mitglieder

Nach der Wahl in die JAV beginnt die eigentliche Tätigkeit. Voller Tatendrang möchte man sich für die Belange der Jugendlichen und Auszubildenden einsetzen. Doch damit dies möglich ist, müssen die Rahmenbedingungen stimmen. Hierzu gehören Freistellungsmöglichkeiten von der normalen Tätigkeit, um Zeit für die JAV-Arbeit zu besitzen, aber auch Schulungsmaßnahmen, um die notwendigen Qualifikationen zu erlangen. All dies darf natürlich nicht zu Nachteilen des JAV-Mitglieds führen. Immerhin handelt es sich um ein gesetzlich vorgesehenes Ehrenamt. Auf der anderen Seite sind auch Pflichten mit dem Amt verbunden. Grobe Verstöße gegen diese Pflichten können u. a. zu der Entfernung aus dem Amt führen. Zudem erfährt das JAV-Mitglied aufgrund der Tätigkeit vielleicht sogar Betriebs- und Geschäftsgeheimnisse über die Stillschweigen bewahrt werden muss. Ein Verstoß hiergegen kann zu ernsthaften Konsequenzen führen.

8. Muss ich als gewähltes Mitglied an jeder Sitzung der JAV teilnehmen?

Grundsätzlich gehört die Teilnahme an den Sitzungen der JAV oder ggf. auch den Sitzungen des Betriebsrats (sofern ein Teilnahmerecht besteht) zu den klassischen Pflichten eines Mitglieds. Allerdings kann man zu diesen Sitzungen verhindert sein. Typische Verhinderungsgründe sind Krankheit oder Urlaub. Falls sich JAV-Mitglieder noch in der Ausbildung befinden, sollte der Berufsschultag als Sitzungstag vermieden werden. Ist ein Mitglied der JAV verhindert, so wird, sofern vorhanden, ein entsprechendes Ersatzmitglied eingeladen.

9. Ich bin nur als Ersatzmitglied gewählt worden. Was heißt das?

Als Ersatzmitglied vertritt man die ordentlichen Mitglieder, falls diese vorübergehend oder dauerhaft verhindert sind. Zum Zeitpunkt der Vertretung hat man dieselben Rechte und Pflichten wie ein ordentliches Mitglied. Die tatsächliche Vertretung, also die Wahrnehmung von JAV-Aufgaben, führt dazu, dass für ein Jahr ein nachwirkender Kündigungsschutz und Übernahmeschutz besteht. Die Reihenfolge, in der die Ersatzmitglieder die ordentlichen Mitglieder vertreten, ergibt sich aus dem Wahlergebnis. Diese Reihenfolge ist auch zwingend einzuhalten. Sollte das Ersatzmitglied selbst verhindert sein, so kann das folgende Ersatzmitglied eingeladen werden. Das »Überspringen« von Ersatzmitgliedern ist also in der Regel ohne Verhinderungsgrund nicht möglich (Ausnahme zur Sicherung des Minderheitengeschlechts – siehe Frage 111 »Müssen bei der Wahl die Geschlechter berücksichtigt werden?«). Ansonsten würde es sich um die sogenannte »gewillkürte Stellvertretung« handeln, die zum einen den besonderen Schutz von Mitgliedern nicht auslöst und zum anderen auch zur Unwirksamkeit von Beschlüssen führen kann.
Bei der Persönlichkeitswahl heißt dies, dass grundsätzlich diejenigen Ersatzmitglieder mit mehr Stimmen bei den Wahlen die ersten Vertreter sind, bei der Listenwahl ist der Platz in der jeweiligen Liste maßgeblich (siehe Frage 115 »Welche Wahlverfahren gibt es und wann finden sie Anwendung?«). Besteht die JAV aus mehreren Mitgliedern, so ist beim Nachrücken das Minderheitengeschlecht zu berücksichtigen.
Scheidet ein Mitglied dauerhaft aus, rückt das entsprechende Ersatzmitglied auf Dauer als ordentliches Mitglied in die JAV nach.

10. Die JAV-Tätigkeit ist ein Ehrenamt, was bedeutet das?

Für die Tätigkeit in der JAV erhält man keine besondere Vergütung oder andere Vergünstigungen. Man wird allerdings für die Tätigkeit von der Arbeit oder Ausbildung unter Fortzahlung der Vergütung freigestellt, sodass die erforderliche JAV-Tätigkeit an die Stelle der regulären Arbeit tritt. Notwendige Aufwendungen und Auslagen sind zu erstatten.

11. Wie werden JAV-Mitglieder vergütet?

Die Vergütung der JAV-Mitglieder entspricht dem, was sie in der normalen Beschäftigung auch erhalten hätten. Man darf als JAV-Mitglied weder besser noch schlechter bezahlt werden. Dies bedeutet, dass auch Zuschläge, wie z. B. Erschwernis- und Schmutzzulagen oder solche für Nachtarbeit weitergezahlt werden müssen, sofern sie bei der Durchführung der normalen Tätigkeit angefallen wären. Ausgeschlossen von dieser Zahlung sind lediglich Leistungen, die einen reinen Aufwendungscharakter haben, wie z. B. Wegegelder. Ihre Zahlungen entfallen, sofern der Grund für die Aufwendung wegfällt.

12. In welchem Umfang werden JAV-Mitglieder von der regulären Arbeit freigestellt?

Die Mitglieder der JAV sind insoweit von der Arbeit zu befreien, wie es zur ordnungsgemäßen Erfüllung der Aufgaben erforderlich ist (§ 37 Abs. 2 BetrVG). Hierzu zählen nicht nur die Teilnahme an Sitzungen der JAV und des Betriebsrats, sondern auch notwendige Betriebsbegehungen, Sprechstunden, die Vorbereitung von Sitzungen, die Protokollerstellung, die Teilnahme an Seminaren usw.

13. Was muss ich tun, damit ich für die JAV-Tätigkeit von meiner normalen Arbeit befreit werde?

Um die notwendigen JAV-Tätigkeiten während der Arbeitszeit wahrnehmen zu können, muss dies dem Vorgesetzten mitgeteilt werden. Dies kann kurzfristig sein, wie z. B. als Begleitperson eines Auszubildenden bei einem Personalgespräch oder langfristig, wie die regelmäßige JAV- oder Betriebsratssitzung. Langfristige Termine sind möglichst frühzeitig an die Vorgesetzten weiterzugeben, damit entsprechend geplant werden kann. Beim Abmelden sollte nach Möglichkeit eine Einschätzung, wie lange es voraussichtlich dauert, mitgeteilt werden. Was man konkret zu erledigen hat, muss nicht mitgeteilt werden. Hier reicht es auszusagen, dass dies JAV-Tätigkeiten sind.

> **Praxistipp**
> Auch wenn die JAV-Tätigkeit grundsätzlich der normalen Arbeit vorgeht, muss man im Einzelfall abwägen.
> Was heißt das?
> Beispiel: Sollte in der Abteilung gerade ein besonders starker, vorübergehender Arbeitsanfall mit kurzzeitigem Ausfall von anderen Kollegen und Kolleginnen bestehen, kann das Protokoll der letzten Sitzung vielleicht auch ein oder zwei Tage später geschrieben werden, wenn sich die Arbeits- und Personalsituation etwas entspannt hat.

14. Gibt es (ähnlich wie bei Betriebsräten) Voll-Freistellungen für JAV-Mitglieder?

Die gesetzliche Staffel nach der Betriebsratsmitglieder ab einer gewissen Zahl an Wahlberechtigten vollständig freizustellen sind (§ 38 BetrVG), gilt nicht für die JAV-Mitglieder. Hintergrund ist hier die besondere berufliche Situation der Auszubildenden. In größeren Betrieben kann aber eine teil- oder vollständige Befreiung gemäß der allgemeinen Regelung (§ 37 Abs. 2 BetrVG) erforderlich sein. Um den Erfolg der Ausbildung nicht zu gefährden, sollte diese von den bereits ausgelernten JAV-Mitgliedern übernommen werden.

15. Was ist, wenn ein JAV-Mitglied seine Arbeit in der Freizeit erledigen muss? Wie erfolgt der Ausgleich?

Sollte die JAV-Tätigkeit aus betriebsbedingten Gründen außerhalb der Arbeitszeit stattfinden, so ist hierfür ein Freizeitausgleich im entsprechenden Umfang zu gewähren (§ 37 Abs. 3 BetrVG). Der Freizeitausgleich hat vor Ablauf eines Monats zu erfolgen. Ist dies aus betriebsbedingten Gründen nicht möglich, so ist die aufgewendete Zeit wie Mehrarbeit zu vergüten.

16. Gilt das Arbeitszeitgesetz für die JAV-Arbeit?

Es ist umstritten, ob die JAV-Tätigkeit als Arbeitszeit im Sinne des Arbeitszeitgesetzes gilt. Das Bundesarbeitsgericht (vgl. BAG 18.1.2017 – 7 AZR 224/15) hat aber inzwischen festgestellt, dass die Ruhezeiten von 11 Stunden aus dem Arbeitszeitgesetz zumindest entsprechend auf die JAV-Tätigkeit anzuwenden sind. Dies bedeutet z.B., dass ein JAV-Mitglied im Schichtdienst einen Anspruch darauf hat, früher eine Nachtschicht zu verlassen, um erholt an einer Sitzung der JAV oder des Betriebsrats teilzunehmen. Die Ruhezeit für unter 18-jährige beträgt nach § 13 JArbSchG 12 Stunden und ist entsprechend der Rechtsprechung zum Arbeitszeitgesetz für JAV-Tätigkeiten von Minderjährigen einzuhalten.

17. Haben JAV-Mitglieder das Recht an Schulungen und Fortbildungen teilzunehmen? Wenn ja, an welchen Schulungen? Wer trägt die Kosten?

Die Mitglieder der JAV haben einen Anspruch darauf an erforderlichen Schulungen teilzunehmen (§ 65 Abs. 1 BetrVG i.V.m. § 37 Abs. 6 BetrVG). Sie sind hierbei von ihrer Arbeitsleistung unter Fortzahlung der Bezüge zu befreien. Für diese erforderlichen Schulungen hat der Arbeitgeber die Kosten zu tragen. Der zeitliche Umfang dieser erforderlichen Schulungen ist nach Gesetz nicht beschränkt. Entscheidend ist allein, ob die Schulung erforderlich ist oder nicht.
Etwas anders sieht es bei dem zusätzlichen Anspruch auf Schulungen aus, die als geeignet anerkannt worden sind (§ 37 Abs. 7 BetrVG). Hier muss

der Arbeitgeber das JAV-Mitglied auch unter Fortzahlung der Bezüge freistellen, aber er muss die Kosten dieser Schulung nicht tragen. Außerdem ist dieser Anspruch auf drei Wochen pro Amtszeit bzw. vier Wochen für die erste Amtszeit beschränkt.

18. Welche Seminare gelten nach § 37 Abs. 6 BetrVG für die JAV als erforderlich?

Jedes Mitglied der JAV hat die Möglichkeit Schulungen, die für JAVen angeboten werden, insbesondere die Grundlagenschulungen, nach entsprechender Beschlussfassung des Betriebsrats zu besuchen. In diesen Schulungen werden nicht nur die organisatorischen Themen wie Geschäftsführung der JAV und Zusammenarbeit mit dem Betriebsrat besprochen, sondern auch arbeitsrechtliche, strategische und kommunikative Möglichkeiten zur Verbesserung der Ausbildung behandelt.
Oftmals sind diese Schulungen als JAV 1, JAV 2 etc. bezeichnet, wobei es für die Erforderlichkeit auf die konkreten Inhalte ankommt. Dies ist z. B. bei Grundlagen des BetrVG, des Jugendarbeitsschutzgesetzes oder des Berufsbildungsgesetzes bzw. des Pflegeberufegesetzes unstrittig. Bei Grundlagenschulungen kann der Arbeitgeber nicht darauf verweisen, dass bereits andere JAV-Mitglieder diese Schulung besucht haben. Sie gelten in der Regel für jedes JAV-Mitglied als erforderlich.
Auch Spezialschulungen wie z. B. Seminare für Vorsitzende und Stellvertreter oder gegen Mobbing können für die Arbeit der JAV erforderlich sein. Bei den Grundlagenschulungen wird für jedes JAV-Mitglied von der gegebenen Erforderlichkeit ausgegangen. Für die Spezialschulungen bedarf es ggf. einer besonderen Begründung, wie z. B. einer entsprechenden Konfliktlage beim Thema Mobbing.
Sollten bereits einzelne Inhalte in anderen Zusammenhängen oder Schulungen vermittelt worden sein, so gilt die Erforderlichkeit des ganzen Seminares trotzdem als gegeben sofern mehr als 50 % der Inhalte neu sind.

19. Welche Seminare werden nach § 37 Abs. 7 BetrVG für die JAV als geeignet anerkannt?

Für die Teilnahme an Seminaren nach § 37 Abs. 7 BetrVG müssen diese von der zuständigen obersten Landesbehörde als geeignet anerkannt worden sein. Hierzu ist ein Bezug zur JAV-Tätigkeit erforderlich und soll für diese im weiten Sinne dienlich und förderlich sein. Hierzu können z. B. auch Rhetorikschulungen zählen, sofern ihre Erforderlichkeit nicht ohnehin schon ein Seminar nach § 37 Abs. 6 BetrVG rechtfertigt. Weitere Beispiele sind Seminare zur Geschichte der Arbeiterbewegung oder zum Umweltschutz im Betrieb.
Im Zweifel ergibt sich aus der Ausschreibung und der Anerkennung, ob das Seminar nach § 37 Abs. 7 BetrVG stattfindet.

20. Haben auch Ersatzmitglieder das Recht, an Schulungen teilzunehmen?

Ersatzmitglieder haben zunächst keinen direkten Anspruch darauf, an den Schulungen teilzunehmen. Da aber gerade in größeren Gremien immer wieder ordentliche Mitglieder verhindert sind, können häufig nachgeladene Ersatzmitglieder an den erforderlichen Schulungen teilnehmen, damit die Arbeitsfähigkeit des Gremiums nicht gefährdet wird. Dieser Anspruch dürfte regelmäßig mindestens auf das erste Ersatzmitglied zutreffen.

21. Wer beschließt über die Teilnahme eines JAV-Mitglieds an einer Schulung?

Der Betriebsrat beschließt über die Teilnahme von JAV-Mitgliedern an den erforderlichen Schulungen nach § 37 Abs. 6 BetrVG. Dies soll auch für Schulungen nach § 37 Abs. 7 BetrVG gelten, in denen Inhalte vermittelt werden, die für die JAV-Arbeit als geeignet anerkannt wurden. Der Betriebsrat ist aber nicht vollständig frei, ob er Schulungen für die JAV beschließt oder nicht. Er hat mit der JAV eng zusammenzuarbeiten (§ 80 Abs. 1 Nr. 5 BetrVG). Hieraus ergibt sich auch eine Verpflichtung, die JAV bei der Durchsetzung ihrer Ansprüche (wie z. B. Schulungen) zu unterstützen. Sollte ein Betriebsrat dauerhaft die erforderlichen Schulungen für die JAV ablehnen, kann dies ein grober Verstoß gegen die Pflichten aus dem BetrVG sein, der zur Entfernung aus dem Betriebsratsamt führen kann (§ 23 Abs. 1 BetrVG).

22. Genießen JAV-Mitglieder einen »besonderen Kündigungsschutz«?

JAV-Mitglieder besitzen einen besonderen Kündigungsschutz.
Zum einen dürfen sie nur außerordentlich, also aus einem wichtigen Grund, gekündigt werden (§ 15 Abs. 1 Satz 1 KSchG). Dieser Teil des Schutzes besteht auch für Ehemalige oder Ersatzmitglieder, sofern sie innerhalb der letzten 12 Monate JAV-Tätigkeiten wahrgenommen haben (§ 15 Abs. 1 Satz 2 BetrVG). Zum anderen haben JAV-Mitglieder, die zum Zeitpunkt des Ausspruchs der Kündigung im Amt sind, einen weiteren Schutz. Sie sind nur mit ausdrücklicher Zustimmung des Betriebsrats oder mit dem Ersetzen der Zustimmung durch ein Arbeitsgericht kündbar (§ 103 BetrVG).

23. Über was darf ich z. B. nach einer JAV- oder Betriebsratssitzung reden?

Als JAV-Mitglied erhält man zum Teil Einblicke, die anderen Beschäftigten verwehrt sind. Dies können Hintergründe für beabsichtigte Kündigungen, die Auflösung oder Verlagerung von ganzen Abteilungen, der Aufkauf eines Konkurrenzunternehmens oder schlicht personenbezogene Daten wie das Alter, Schwerbehinderung oder Anzahl der Kinder sein. Eindeutig ist, dass über die personenbezogenen Daten Stillschweigen zu wahren ist.
Betriebs- und Geschäftsgeheimnisse, die ein JAV-Mitglied im Rahmen seiner JAV-Tätigkeit erfahren hat und bei denen der Arbeitgeber ausdrücklich verlangt hat, dass hierüber geschwiegen werden muss, dürfen ebenfalls nicht außerhalb des Gremiums weitergegeben werden (§ 79 BetrVG). Tatsächlich unterliegen relativ wenige Fälle den Betriebs- und Geschäftsgeheimnissen und damit ist die Gefahr hiergegen zu verstoßen eher gering. Beispiele hierfür sind Kundenlisten, Kalkulationsunterlagen,

geheime Rezepturen. Bei einem Verstoß gegen die Geheimhaltung nach § 79 BetrVG oder aber auch gegen persönliche Geheimnisse sieht das BetrVG eine Geldstrafe oder eine Freiheitsstrafe von bis zu einem Jahr vor (§ 120 BetrVG).
Dies darf aber nicht dazu führen, dass die JAV sich nicht traut ihre Tätigkeit darzustellen. In der Regel reicht der gesunde Menschenverstand, um festzustellen, dass man über bestimmte Sachen (z.B. Schwangerschaften oder Schwerbehinderungen) nicht redet.

Praxistipp:
Sollte die JAV aktuelle Informationen z.B. aus einer Sitzung, den Jugendlichen und Auszubildenden mitteilen wollen, so ist es gut, dies einheitlich zu tun. D.h. am Ende der Sitzung wird besprochen, über welche Inhalte man jetzt die Auszubildenden in welcher Form informiert. Hier kann z.B. ein unregelmäßiger Newsletter verbreitet werden. Einige Jugend- und Auszubildendenvertretungen versuchen regelmäßig ganze Zeitungen zu erstellen. Bevor man mit diesem sicher guten, aber auch sehr ambitionierten Vorhaben beginnt, sollte sich die JAV überlegen, ob sie diesen Arbeitsaufwand auch wirklich erledigen kann. Leider gibt es zahlreiche Beispiele, bei denen mit viel Arbeitsaufwand zwei bis drei Ausgaben realisiert wurden und das Projekt danach eingeschlafen ist.

III. Geschäftsführung der JAV allgemein

Die JAV ist eine auf Grundlage des Betriebsverfassungsgesetzes gewählte, betriebliche Interessenvertretung. Der formale Rahmen, in dem die JAV ihre Aufgaben erledigt, heißt »Geschäftsführung der JAV«. Hierzu gehört die Beschlussfassung in Sitzungen, aber auch Rahmenbedingungen, wie die Freistellung und Schulungen.

24. Welche Rolle hat der/die JAV-Vorsitzende?

Der/die JAV-Vorsitzende vertritt die JAV im Rahmen der gefassten Beschlüsse und ist berechtigt die gegenüber der JAV abzugebenden Erklärungen anzunehmen (§ 65 Abs. 1 i.V.m. § 26 Abs. 2 BetrVG). Er/sie ist also gleichermaßen Sprachrohr, wie auch Briefkasten der JAV. Zudem weist das Gesetz ihm/ihr einige ausdrückliche Aufgaben zu. So lädt der/die Vorsitzende zu den Sitzungen ein, unterzeichnet die Sitzungsniederschrift und leitet die Jugend- und Auszubildendenversammlung. Trotz dieser besonderen Aufgaben sind alle JAV-Mitglieder gleichberechtigt.

Praxistipp

In vielen Gremien wie Jugend- und Auszubildendenvertretung oder Betriebsräten wird die Arbeit oftmals von den Vorsitzenden erledigt. Tatsächlich bestehen Möglichkeiten, die Arbeit auf mehrere Schultern zu verteilen. So ist es nicht zwangsläufig, dass der/die Vorsitzende als Vertreter:in zur Betriebsratssitzung geht (in den Fällen, wo nur ein Mitglied ein Teilnahmerecht hat). Die Protokollführung kann ebenfalls an eine/n Schriftführer/in übergeben werden und die Vorbereitung der JA-Versammlung kann auch auf mehrere Schultern verteilt werden. Diese Maßnahmen entlasten nicht nur den/die Vorsitzende/n, sondern führen auch zu einer höheren Identifizierung der weiteren Mitglieder mit der Tätigkeit der JAV.

25. Was ist, wenn ein/e JAV-Vorsitzende/r den eigenen Handlungsspielraum überschreitet?

Der/die Vorsitzende hat sich an die Verpflichtungen aus dem BetrVG zu halten. Dies gilt auch für die Überschreitung des Handlungsspielraums. Falls er/sie eigenmächtig handelt, kann das Vertrauen der anderen JAV-Mitglieder oder des Betriebsrats verloren gehen. Bei groben Verstößen gegen das BetrVG wäre auch ein Ausschluss vom JAV-Amt möglich (§ 65 Abs. 1 i. V. m. § 23 Abs. 1 BetrVG).

26. Kann ein/e JAV-Vorsitzende/r abberufen werden?

Der/die Vorsitzende einer JAV kann auf einer JAV-Sitzung mit einfacher Stimmenmehrheit im Rahmen eines ordnungsgemäßen Beschlusses abberufen werden. Die Wahl eines/einer neuen Vorsitzenden erfolgt ebenfalls im Rahmen einer JAV-Sitzung mit einfacher Mehrheit im Rahmen einer ordnungsgemäßen Beschlussfassung.

27. Kann die JAV Ausschüsse bilden?

Jugend- und Auszubildendenvertretungen können Ausschüsse bilden, sofern im Betrieb mehr als 100 zur JAV-Wahl Wahlberechtigte beschäftigt sind. Damit soll die Effektivität der Arbeit durch Arbeitsteilung erhöht werden. Diese Ausschüsse können nur vorbereitend tätig werden und dürfen nicht (anders als im Betriebsrat) Aufgaben zur eigenen Erledigung übertragen bekommen (§ 65 i. V. m. § 26 BetrVG).

28. Sollte sich die JAV eine Geschäftsordnung geben?

Die JAV soll sich laut BetrVG eine Geschäftsordnung geben, in der weitere Bestimmungen über die Geschäftsführung wie Häufigkeit und Zeitpunkt der Sitzung, Einladungsfristen usw. festgelegt werden (§ 65 Abs. 1 i. V. m. § 36 BetrVG). In der Regel werden gerade größere Jugend- und Auszubildendenvertretungen diese Möglichkeit wahrnehmen, um eine eigene Organisation der Arbeit festzulegen. In kleineren Gremien ist dies hingegen oftmals nicht nötig. Insgesamt ist bei der Erstellung einer Geschäftsordnung darauf zu achten, dass sich die JAV nicht mehr formale Hürden auferlegt, als das Gesetz ohnehin schon vorgibt. Sollte sich z. B. die JAV eine feste Frist zur Einladung geben, so ist diese einzuhalten, auch wenn das BetrVG lediglich von dem unbestimmten Rechtsbegriff »rechtzeitig« ausgeht.

29. Wer trägt die Kosten für die JAV-Tätigkeit?

Die erforderlichen Kosten der JAV-Tätigkeit trägt der Arbeitgeber (§ 65 Abs. 1 i. V. m. § 40 BetrVG). Hierunter fallen z. B. Kommentare zum Berufsbildungsgesetz, Betriebsverfassungsgesetz oder Jugendarbeitsschutzgesetz, oder auch sofern erforderlich ein Diensthandy oder ein Laptop. Was erforderlich ist, ist vom Einzelfall abhängig. Je mehr Auszubildende beschäftigt sind und je größer und weitläufiger der Betrieb, desto eher werden Mobilgeräte erforderlich sein.

30. Wer muss diese gegenüber dem Arbeitgeber geltend machen?

Der Betriebsrat hat die erforderlichen Kosten der JAV gegenüber dem Arbeitgeber geltend zu machen. Hierüber werden Beschlüsse in der Betriebsratssitzung gefasst. Diese können z. B. die Übernahme der Kosten für ein Seminar, Fachliteratur oder ein Diensthandy betreffen. Die JAV kann beantragen, die entsprechenden Tagesordnungspunkte auf die Tagesordnung der nächsten Sitzung des Betriebsrats zu nehmen (§ 67 Abs. 2 BetrVG) Sollte sich der Betriebsrat weigern, die entsprechenden Beschlüsse zu fassen, obwohl diese für die JAV erforderlich und angemessen sind, kann hierin ein grober Verstoß gegen seine Pflichten aus dem BetrVG bestehen (§ 23 Abs. 1 BetrVG).

Praxistipp
Die JAV ist kein eigenständiges Organ, sondern auf die entsprechenden Beschlüsse des Betriebsrats angewiesen. Falls diese nicht erfolgen, wird die Arbeit der JAV enorm erschwert. Um diese schwierige Situation zu lösen, kann die im Betrieb vertretene Gewerkschaft gebeten werden, zu vermitteln. Die hauptamtlichen Gewerkschaftssekretär:innen kennen die rechtlichen Rahmenbedingungen und oft auch die Mitglieder des Betriebsrats.

31. Was sind Ersatzmitglieder? In welchem Umfang sind sie nötig?

Alle Kandidaten, die sich zur JAV-Wahl haben aufstellen lassen und nicht direkt gewählt wurden, sind Ersatzmitglieder (§ 25 BetrVG), sofern sie zumindest eine Stimme bei der Wahl erhalten haben. Sie können in der Reihenfolge, in der sie gewählt worden sind entweder dauerhaft nachrücken, falls jemand dauerhaft ausscheidet, und damit ordentliche JAV-Mitglieder werden oder auch nur zeitweise nachrücken, weil z. B. ein ordentliches Mitglied im Urlaub oder arbeitsunfähig erkrankt ist. Auch beim Nachrücken von Ersatzmitgliedern ist darauf zu achten, dass das Minderheitengeschlecht, soweit dies möglich ist, entsprechend dem vom Wahlvorstand ermittelten Anteil in der JAV erhalten bleibt.

IV. JAV-Sitzung und Beschlussfassung

Innerhalb der Geschäftsführung spielt die JAV-Sitzung eine besonders wichtige Rolle. In diesen Sitzungen findet in einem demokratischen Prozess die Meinungsbildung der JAV statt. Hier werden Anregungen und Beschwerden der Auszubildenden diskutiert und entschieden, ob diese aus Sicht der JAV berechtigt sind. Hierzu erfolgen Abstimmungen, die sogenannten Beschlüsse.

32. Kann die JAV eigene JAV-Sitzungen abhalten?

Die JAV kann eigene Sitzung nach Verständigung des Betriebsrats abhalten (§ 65 Abs. 2 BetrVG). Dies bedeutet, dass der Betriebsrat über die Sitzung informiert wird. Die JAV benötigt kein Einverständnis des Betriebsrats. An diesen Sitzungen kann der Betriebsratsvorsitzende oder ein beauftragtes Mitglied des Betriebsrats teilnehmen.

33. Wie werden diese Sitzungen einberufen und durch wen? (Ladung, Tagesordnung etc.)

Der/die Vorsitzende der JAV lädt rechtzeitig unter Vorlage einer Tagesordnung zur Sitzung ein (§ 65 Abs. 2 i. V. m. § 29 Abs. 2 BetrVG). Eine Einladung ist, sofern sich nichts anderes aus der Geschäftsordnung ergibt, auf jeden Fall rechtzeitig, wenn sie drei Tage vor der Sitzung erfolgt. In besonders eilbedürftigen Fällen, wie z. B. die außerordentliche Kündigung einer/eines Auszubildenden, kann auch sehr kurzfristig, d. h. innerhalb von wenigen Minuten oder Stunden, eingeladen werden, sofern die Geschäftsordnung dies nicht unpraktischerweise ausschließt.

Aus der Tagesordnung muss sich konkret ergeben, welche Inhalte auf der Sitzung besprochen werden sollen. Hintergrund ist, dass sich die Mitglieder auf die Sitzung vorbereiten sollen. Die Tagesordnung kann auf der Sitzung nur verändert werden, wenn das Gremium beschlussfähig ist, also mehr als die Hälfte der Mitglieder anwesend sind und alle anwesenden Mitglieder damit einverstanden sind.

34. Müssen auch Ersatzmitglieder geladen werden? Wenn ja – wann?

Sofern ein ordentliches Mitglied verhindert ist, muss hierfür das entsprechende Ersatzmitglied eingeladen werden (§ 65 Abs. 1 i. V. m. § 25 Abs. 1 BetrVG). Das ordentliche Mitglied hat seine Verhinderung unter Nennung der Gründe (z. B. Urlaub, Krankheit) dem/der Vorsitzenden unverzüglich anzuzeigen, damit das Ersatzmitglied eingeladen werden kann. Sollte die Verhinderung erst sehr kurzfristig angezeigt werden, ist es nicht nötig hierfür ein Ersatzmitglied zu laden. Für ein unentschuldigt fehlendes Mitglied darf niemand geladen werden. Bei der Ladung des Ersatzmitgliedes ist zu berücksichtigen, dass die Anzahl der für das Geschlecht in der Minderheit reservierten Plätze einzuhalten ist. Dies kann dazu führen, dass zur Einhaltung des Minderheitsgeschlechtes ein Ersatzmitglied in der Reihenfolge »übersprungen« werden kann. Sollten keine Kandidaten des Minderheitengeschlechtes mehr als Ersatzmitglieder zur Verfügung stehen, muss ein Kandidat des Mehrheitsgeschlechtes nachgeladen werden.

> **Praxistipp:**
> Die regelmäßigen Sitzungen sollten langfristig terminiert werden. Dies führt nicht nur zu einer allgemein besseren Planbarkeit für JAV/Betriebsrat und Arbeitgeber, sondern hilft auch bei dem Thema Nachrücken von Ersatzmitgliedern. So können sich die Ersatzmitglieder leichter auf das Nachrücken einstellen. Dies gilt insbesondere bei geplantem Urlaub.

35. Was bedeutet Schutz des Minderheitengeschlechts?

Der Wahlvorstand legt bei der Wahl der JAV nach gesetzlichen Vorgaben fest, ob das Geschlecht in der Minderheit eine bestimmte Anzahl an Sitzen »reserviert« bekommt. So kann z. B. bei einer fünfköpfigen JAV das Geschlecht »Männer« in der Minderheit sein und nach der in § 5 der Wahlordnung festgelegten Berechnung z. B. einen festen Platz im Gremium haben. Sollte sich dann mindestens ein Mann aufstellen, und zumindest eine Stimme erhalten, so wird dieser Sitz im JAV-Gremium durch einen Mann besetzt, selbst wenn er weniger Stimmen erhalten sollte, als alle anderen Frauen. Da nur das Geschlecht in der Minderheit geschützt wird, könnten auch alle Sitze an die Männer gehen, sofern diese die meisten Stimmen erhalten. Sollte sich kein Kandidat des Minderheitengeschlechtes aufstellen lassen, so fällt der Sitz an das Mehrheitsgeschlecht.

36. Welche Verhinderungsgründe gibt es?

Anerkannte Verhinderungsgründe sind Urlaub, Krankheit, JAV-Seminar, GJAV- oder KJAV-Sitzung. Auch eine weite Dienstreise, sofern eine Fahrt zu der Sitzung unzumutbar ist, ist als Verhinderungsgrund anerkannt. Die Teilnahme am Berufsschulunterricht wird ebenfalls einen Verhinderungsgrund darstellen, weshalb Sitzungen besser auf Tage ohne Berufsschule zu legen sind.

Eine Verhinderung liegt auch vor, wenn man zu diesem Tagesordnungspunkt höchstpersönlich in seinem Arbeits- oder Ausbildungsverhältnis betroffen ist, also z. B. selbst gekündigt, versetzt oder umgruppiert werden soll.

Umstritten ist, ob das normale Weiterarbeiten am Arbeitsplatz und die damit begründete Absage zur Sitzungsteilnahme ein Verhinderungsgrund darstellt. Dies ist fraglich, da die JAV-Arbeit grundsätzlich der normalen Tätigkeit vorgeht.

Praxistipp

Da es umstritten ist, ob das Weiterarbeiten am Arbeitsplatz einen Verhinderungsgrund darstellt oder nicht, ist damit auch unklar ob hierfür ein Ersatzmitglied geladen werden muss. Dieser Fall kann eigentlich wegen grundsätzlichen Vorrangs der JAV-Arbeit nur ausnahmsweise vorliegen. Sollte dies der Fall sein, so kann es gerade, wenn es sich um kritische Beschlüsse handelt (z. B. Kündigung eines JAV-Mitglieds, Aussetzen von Beschlüssen) sinnvoll sein, dass sich das Mitglied, das im Betrieb weiterarbeitet, lieber gar nicht abmeldet. Damit ist klar, dass dafür kein Ersatzmitglied geladen werden dürfte. Dieser Weg sollte aber eine absolute Ausnahme darstellen.

37. Kann man trotz Arbeitsunfähigkeit an den Sitzungen teilnehmen?

Grundsätzlich ist Arbeitsunfähigkeit ein Verhinderungsgrund. Entsprechend kann hier unstrittig ein Ersatzmitglied geladen werden. Sollte man während einer Arbeitsunfähigkeit trotzdem zu einer Sitzung kommen wollen, weil z. B. ein besonders wichtiges Thema besprochen wird, ist dies unter Umständen möglich. Wichtig ist, dass man sich nicht genesungswidrig verhalten darf. Das bedeutet, dass die Teilnahme an der Sitzung nicht die Gesundung gefährden darf. Sollte man z. B. eine starke Grippe haben, bei der man besser im Bett aufgehoben ist, kann die Teilnahme an der Sitzung negative Auswirkung auf den Gesundungsprozess haben. Sollte hingegen ein Arm gebrochen sein, kann man mit diesem Gips sicherlich an der Sitzung teilnehmen. In diesen Fällen ist es die Entscheidung des einzelnen Mitglieds, ob es an der Sitzung teilnehmen möchte oder nicht. Ähnliches gilt auch für den Erholungsurlaub oder Elternzeit. Eine Teilnahme ist dann aus eigenem Willen möglich. Hierzu ist der Vorsitz rechtzeitig zu informieren, da er in der Regel bei Urlaub oder Arbeitsunfähigkeit ansonsten von einer Verhinderung ausgehen kann.

38. Unter welchen Voraussetzungen sind digitale JAV-Sitzungen zulässig?

Die JAV kann ihre Sitzung auch digital durchführen (§ 65 Abs. 1 i. V. m. § 30 Abs. 2 BetrVG), wenn

1. die Voraussetzungen für eine solche Teilnahme in der Geschäftsordnung unter Sicherung des Vorrangs der Präsenzsitzung festgelegt sind,
2. nicht mindestens ein Viertel der Mitglieder der JAV binnen einer von dem/der Vorsitzenden zu bestimmenden Frist diesem/dieser gegenüber widerspricht und
3. sichergestellt ist, dass Dritte vom Inhalt der Sitzung keine Kenntnis nehmen können.

Die Einladung zu einer digitalen Sitzung hat den Hinweis zum Widerspruch gemäß Nummer 2 zu enthalten.

39. Können Betriebsratsmitglieder an JAV-Sitzungen teilnehmen?

Der Betriebsratsvorsitzende oder ein beauftragtes Mitglied des Betriebsrats können beratend an der Sitzung teilnehmen (§ 65 Abs. 2 Nr. 2 BetrVG). Sie besitzen kein Stimmrecht und haben auch keinen Anspruch darauf, dass ein von dem Betriebsrat gewünschter Tagesordnungspunkt aufgenommen wird. Es besteht keine Verpflichtung des Betriebsrats an der Sitzung teilzunehmen.

Praxistipp
In der betrieblichen Praxis hat es sich oftmals als vorteilhaft herausgestellt, dass ein beauftragtes Betriebsratsmitglied zu einem Teil an der Sitzung der Jugend- und Auszubildendenvertretung teilnimmt. Dies gibt den Mitgliedern der JAV die Möglichkeit, sich zum einen intern auszutauschen und Positionen vorzubereiten, aber auch vom Austausch und den Erfahrungen eines Betriebsratsmitglieds zu profitieren. Hier können auch Punkte für die nächste Betriebsratssitzung angesprochen werden.

40. Unter welchen Umständen kann eine Gewerkschaft teilnehmen?

Ein Beauftragter der in der JAV oder im Betriebsrat vertretenen Gewerkschaften kann beratend teilnehmen, sofern mindestens ein Viertel der JAV-Mitglieder dies beantragt hat (§ 65 Abs. 1 i. V. m. § 31 BetrVG). Der/die JAV-Vorsitzende hat der betreffenden Gewerkschaft Zeitpunkt, Ort und Tagesordnung rechtzeitig mitzuteilen.

Praxistipp
Der oder die Beauftragte der Gewerkschaft kann mit unterschiedlichen Aufgaben an der Sitzung teilnehmen. Hier kann es sich um reine Informationsweitergabe wie über die Tarifrunde oder über Seminare handeln, aber auch eine Vermittlung in internen Konflikten oder in Konflikten mit dem Betriebsrat ist möglich. Zudem lässt sich die Fachkompetenz in arbeitsrechtlichen oder strategischen Fragen nutzen.

41. Wer kann ansonsten teilnehmen?

Der Arbeitgeber kann an Sitzungen der JAV teilnehmen, die auf sein Verlangen stattfinden und kann hierzu einen Vertreter der Arbeitgebervereinigung, der er angehört, mitbringen (§ 65 Abs. 2 i.V.m. § 29 Abs. 4 BetrVG.)

Die Sitzung der JAV ist nicht öffentlich. Trotzdem kann die JAV zu einzelnen Tagesordnungspunkten Beschäftigte einladen, sofern dies zur Erfüllung der Aufgaben erforderlich ist.

42. Wer leitet die Sitzung?

Die Sitzung wird von dem/der Vorsitzenden geleitet (§ 65 Abs. 1 i.V.m. § 29 Abs. 2 Satz 2 BetrVG). Sollte der/die Vorsitzende verhindert sein, leitet seine Stellvertretung die Sitzung.

> **Praxistipp:**
> Sollten sowohl Vorsitz als auch Stellvertretung verhindert sein, regelt das Gesetz nicht, wer dann die weitere Vertretung für z.B. Einladungen, Leitung von Sitzungen, Entgegennahme von Erklärungen übernehmen kann. Hierzu bietet es sich an, die weitere Vertretung entweder per einfachem Beschluss oder in der Geschäftsordnung festzuhalten und dies Betriebsrat und Arbeitgeber mitzuteilen.

43. Wie werden Beschlüsse auf JAV-Sitzungen gefasst? Was sind die Voraussetzungen? Wer hat ein Stimmrecht, wer nicht?

Die Beschlüsse der JAV werden in der Regel mit einfacher Mehrheit der anwesenden Mitglieder gefasst. Voraussetzungen sind die

- Beschlussfähigkeit der JAV, d.h. mehr als 50 % der Mitglieder müssen anwesend sein, wobei eine Stellvertretung durch ordnungsgemäß geladene Ersatzmitglieder möglich ist,
- ordnungsgemäße Einladung unter Vorlage der Tagesordnung und
- der Beschluss wird zu einem konkreten Tagesordnungspunkt getroffen.

Für bestimmte Beschlüsse ist die Mehrheit der Mitglieder erforderlich. Hierbei handelt es sich um:

- den Rücktritt der gesamten JAV;
- die Geschäftsordnung;
- Beauftragung der GJAV oder KJAV;
- das Aussetzen von Beschlüssen des Betriebsrats.

Beispiel:
Sind von einer fünfköpfigen JAV nur drei Mitglieder anwesend, so kann der einfache Beschluss, der nur die Mehrheit der anwesenden Mitglieder erfordert, bereits mit einem Abstimmungsergebnis von zwei zu eins gefasst werden. Für die qualifizierte Mehrheit, bei der die Mehrheit der Mitglieder erforderlich ist, müssten drei von den fünf Mitgliedern für den Antrag (wie z. B. die Geschäftsordnung) stimmen. In dem Beispiel hieße dies, dass alle drei Anwesenden für den Antrag stimmen müssten.

44. Wie werden Enthaltungen bei einer Beschlussfassung gewertet?

Die Annahme eines Antrags erfordert die Mehrheit der Stimmen (§ 33 BetrVG). Dies bedeutet, dass die Mehrheit aktiv dafür sein muss. Eine Enthaltung zählt daher wie eine Stimme gegen den Antrag. Vereinfacht kann man sagen, dass eine Enthaltung wie eine Neinstimme wirkt.

Praxistipp:
Vielen JAV-Mitgliedern kommt es komisch vor, dass eine Enthaltung, bei der man sich ja gerade nicht positionieren möchte, wie eine Neinstimme wirkt. Der Gesetzgeber hat diese Formulierung sicher bewusst gewählt, um die Mitglieder der JAV (und des Betriebsrats) gerade dazu zu bringen, sich zu positionieren. Wenn man sich, aus welchen Gründen auch immer, gar nicht positionieren möchte, dann besteht auch die Möglichkeit, genau zu dieser Beschlussfassung den Raum zu verlassen. Auch ist es nach der Rechtsprechung möglich zu sagen, dass man an der Beschlussfassung nicht teilnimmt. Dies ist dann im Protokoll zu vermerken.

45. Sind Beschlüsse in digitalen Sitzungen zulässig?

Sofern die Voraussetzungen für eine digitale Sitzung gegeben sind, können auf diesen Sitzungen auch Beschlüsse gefasst werden. JAV-Mitglieder, die in digitaler Form teilnehmen, gelten als anwesend und sind damit stimmberechtigt (§ 65 Abs. 1 i. V. m. § 33 Abs. 1 Satz 2 BetrVG).

46. Muss über jede JAV-Sitzung ein Protokoll erstellt werden und was muss enthalten sein?

Über jede Sitzung der JAV ist ein Protokoll bzw. eine Niederschrift zu führen und diese sind vom Vorsitzenden und einem weiteren Mitglied zu unterschreiben (§ 65 Abs. 1 i.V.m. § 34 BetrVG). Die Niederschrift hat mindestens den Wortlaut der Beschlüsse und die Abstimmungsergebnisse zu beinhalten. Darüber hinaus kann es sinnvoll sein, weitere Inhalte wie z.B. Diskussionsstände, Sachverhalte und die weitere Planung in die Niederschrift aufzunehmen. Der Niederschrift ist eine Anwesenheitsliste beizufügen, in der sich jeder eigenhändig einzutragen hat. Bei digitaler Teilnahme ist die Teilnahme dem Vorsitzenden in Textform (also z.B. per E-Mail) zu bestätigen und diese Bestätigung der Niederschrift hinzuzufügen.

Praxistipp:
Die JAV kann aus ihren Mitgliedern eine/n Schriftführer/in und ggf. eine/n stellvertretende/n Schriftführer/in benennen, der/die die Niederschriften anfertigt. Über diese Arbeitsteilung werden mehr Mitglieder in die JAV-Arbeit eingebunden und der Vorsitz sowohl in der Sitzung als auch bei der späteren Erstellung entlastet.

V. Sprechstunden

Die gute Kommunikation zwischen der JAV und den Jugendlichen und Auszubildenden ist ein wichtiger Faktor für eine erfolgreiche JAV-Arbeit. Die JAV kann zum einen aktiv auf die Jugendlichen und Auszubildenden zugehen, wie z.B. bei der Betriebsbegehung oder der JA-Versammlung.
Sie kann zum anderen aber auch zusätzlich Möglichkeiten bieten, bei denen die Jugendlichen und Auszubildenden von sich aus aktiv an die JAV herantreten können, wie z.B. das Anbieten von Sprechstunden oder eines Briefkastens, in dem die Jugendlichen und Auszubildenden ihre Anregungen oder Beschwerden einreichen können. Während der Briefkasten in vielen Betrieben oftmals ignoriert, als Mülleimer missbraucht oder vielleicht von Seiten der JAV auch nicht regelmäßig geleert wird, sind die Sprechstunden eine gute Möglichkeit der Kommunikation.

47. Was sind Sprechstunden?

Die JAV darf – ebenso wie der Betriebsrat – Sprechstunden während der Arbeitszeit und möglichst regelmäßig anbieten. Jugendliche Arbeitnehmer und zur Berufsausbildung Beschäftigte können die Sprechstunden ungehindert während ihrer Arbeitszeit aufsuchen. Betriebsrat und JAV können Sprechstunden auch gemeinsam abhalten. Eigene JAV-Sprechstunden sind nur in größeren Betrieben zulässig.
Für die JAV sind diese Sprechstunden eine gute Gelegenheit, um sich über die Anliegen und Befindlichkeiten der Jugendlichen und Auszubildenden zu informieren. So kann die JAV gezielt helfen und die Interessen der jungen Beschäftigungsgruppe angemessen vertreten. Ob es um Fragen zur Übernahme von Auszubildenden oder um die adäquate Ausstattung der Arbeitsplätze geht, die JAV-Sprechstunde bietet dafür einen geeigneten und sicheren Raum. Wer nicht zu der von der JAV vertretenen Personengruppe zählt, kann sich an den Betriebsrat wenden, der ebenfalls die Möglichkeit besitzt, Sprechstunden anzubieten.

48. Wann kann die JAV Sprechstunden einrichten?

Die JAV kann eine eigene Sprechstunde einrichten, wenn im Betrieb in der Regel mehr als 50 Jugendliche und Auszubildende beschäftigt sind (§ 69 Satz 1 i. V. m. § 60 Abs. 1 BetrVG). Dabei kommt es auf die regelmäßige Anzahl der jungen Beschäftigten unter gewöhnlichen Umständen an. Sinkt die Zahl der jungen Beschäftigten beispielsweise durch Fluktuation vorübergehend unter 51, kann die JAV trotzdem eine Sprechstunde einrichten oder fortführen. Eine Verpflichtung zur Einrichtung einer Sprechstunde besteht jedoch auch bei Vorliegen dieser Voraussetzungen nicht.
In Betrieben mit bis zu 50 Jugendlichen und Auszubildenden im Sinne von § 60 Abs. 1 BetrVG kann die JAV an den Sprechstunden des Betriebsrats teilnehmen und diese mitnutzen (§ 39 Abs. 2 BetrVG). Zudem kann bei Nichterreichen der Mindestanzahl unter Umständen trotzdem eine Sprechstunde eingerichtet werden. Dies können der Betriebsrat und der Arbeitgeber freiwillig mit der JAV vereinbaren.

49. Wie werden Sprechstunden festgelegt?

Will die JAV eine Sprechstunde einrichten, so entscheidet sie dies durch Beschluss mit einfacher Stimmenmehrheit. Die Sprechstunden sollten in regelmäßigen Abständen und während der Arbeitszeit stattfinden. Den Zeitpunkt und den Ort der Sprechstunde vereinbart der Betriebsrat mit dem Arbeitgeber (§ 69 Satz 2 BetrVG). Zu dieser Besprechung ist auch die JAV beizuziehen (§ 68 BetrVG). Betriebliche Interessen sind dabei zu beachten, wobei es in erster Linie auf die Möglichkeit der tatsächlichen Umsetzung der Sprechstunden ankommt. So sind Zeiten, in denen ein großer Teil der Auszubildenden in der Berufsschule ist, regelmäßig ungeeignet, selbst wenn zu diesen Zeiten freie Räume zur Verfügung stehen. Wenn sich der Betriebsrat mit dem Arbeitgeber nicht einigen kann, entscheidet die Einigungsstelle den Streit (§ 76 BetrVG).
Zweckmäßig ist es, die getroffenen Vereinbarungen über Zeit und Ort in einer Betriebsvereinbarung festzulegen. Die Vereinbarung ist für die JAV verbindlich. Die weitere Ausgestaltung der Sprechstunde kann sie jedoch selbst regeln, z. B. welches Mitglied die Sprechstunde abhalten soll.

50. Was gilt für Dauer und anfallende Kosten der Sprechstunden?

Eine Höchstdauer für Sprechstunden ist im BetrVG nicht festgelegt. Ob Arbeitgeber und Betriebsrat bei der Festlegung der zeitlichen Lage auch die Dauer festlegen können, ist umstritten. Jedenfalls darf der Sinn der Sprechstunde nicht wegen zu kurzer Dauer oder zu seltener Häufigkeit gefährdet werden. Außerdem hat der Arbeitgeber alle notwendigen Kosten, die für die Durchführung der Sprechstunden anfallen, zu übernehmen und die nötigen Sachmittel und erforderlichen Räumlichkeiten zur Verfügung zu stellen (§ 65 Abs. 1 i. V. m. § 40 Abs. 2 BetrVG).

51. Wer kann an den Sprechstunden teilnehmen?

An den JAV-Sprechstunden können alle Jugendlichen unter 18 Jahren und zur Berufsausbildung Beschäftigten eines Betriebs teilnehmen. Außerdem kann der Betriebsratsvorsitz oder ein beauftragtes Betriebsratsmitglied an den Sprechstunden der JAV teilnehmen (§ 69 Satz 4 BetrVG). Eine Verpflichtung zur Teilnahme besteht allerdings nicht. Der Sinn und Zweck dieses Teilnahmerechts besteht darin, dass der Betriebsrat zum einen seine Erfahrung und sein Fachwissen einbringen kann und zum anderen über die Anliegen von den jungen Beschäftigten des Betriebs auf dem Laufenden bleibt. Um Kontrolle oder Überwachung soll es dabei gerade nicht gehen. Soll nicht der Betriebsratsvorsitz, sondern ein anderes Betriebsratsmitglied mit der Teilnahme an der JAV-Sprechstunde beauftragt werden, fasst der Betriebsrat hierüber einen Beschluss. Bei diesem Beschluss ist die JAV stimmberechtigt (§ 67 Abs. 2 BetrVG), da hierbei überwiegend Belange von jungen Beschäftigten betroffen sind.

52. Was müssen Jugendliche und Auszubildende beachten?

Jugendliche Beschäftigte oder Auszubildende, die die JAV-Sprechstunde besuchen möchten, müssen sich beim Arbeitgeber bzw. bei der ihnen vorgesetzten Person/Ausbilder rechtzeitig ab- und wieder anmelden. Der Arbeitgeber muss darüber informiert sein, wer, wann und für voraussichtlich wie lange nicht am Arbeitsplatz anwesend ist, um nötige Vorkehrungen für den Betriebsablauf treffen zu können. Einen konkreten Grund, warum sie die Sprechstunde besuchen, brauchen sie allerdings nicht zu nennen. Für die Zeit, in der sie die Sprechstunde besuchen, wird das Arbeitsentgelt regulär weiterbezahlt (§ 39 Abs. 3 BetrVG). Es dürfen auch keine anderen Nachteile wegen rechtmäßiger Teilnahme an der Sprechstunde entstehen.

VI. Ausbildungsplatzbegehung

Die Auszubildenden haben grundsätzlich die Möglichkeit die JAV z. B. in ihrem Büro oder während der Sprechstunde aufzusuchen. Es ist allerdings auch vorteilhaft, wenn sich die JAV-Mitglieder auch bei den Auszubildenden zeigen. Durch diese Präsenz werden sie von den Auszubildenden stärker wahrgenommen. Zudem ist die Hürde sich selbst zur JAV zu begeben höher, als wenn ein JAV-Mitglied als Ansprechpartner schon vor Ort ist. Wenn diese Begehungen nicht alleine von dem/der Vorsitzenden übernommen werden, werden auch die anderen Mitglieder aktiv in die Arbeit miteinbezogen und als Ansprechpartner von den Auszubildenden wahrgenommen.

53. Wozu dient die Ausbildungsplatzbegehung?

Nach dem Betriebsverfassungsgesetz hat die JAV das Recht zur Ausbildungsplatzbegehung während der Arbeitszeit, um sich vor Ort über die Probleme der Jugendlichen und Auszubildenden zu informieren (§ 70 Abs. 1 Nr. 2 BetrVG). Das Aufsuchen von Arbeitsplätzen und Arbeitsbereichen dient dem Ziel, die Einhaltung von Gesetzesvorschriften, Verordnungen, Unfallverhütungsvorschriften, Tarifverträgen und Betriebsvereinbarungen zu überwachen.
Die Begehung gibt den JAV-Mitgliedern außerdem die Möglichkeit, den Betrieb, die Kolleg:innen, aber auch die Probleme vor Ort kennen zu lernen. Der persönliche Kontakt zu den Jugendlichen und Auszubildenden ist sehr wichtig. Denn es wird ihnen leichter fallen, Kontakt mit der ihnen bekannten JAV aufzunehmen und dort ihre Probleme zu schildern.

54. Wie weit reicht das Recht zur Begehung?

Anders als beim Betriebsrat dürfen nicht alle Arbeitnehmer und Arbeitnehmerinnen besucht werden, sondern nur die von der JAV vertretenen Beschäftigten. Dabei dürfen betriebliche Abläufe nicht gestört werden. Die Begehung kann auch gemeinsam mit dem Betriebsrat vorgenommen werden.

55. Was ist im Vorfeld zu beachten?

Die JAV sollte sich bereits vor der Begehung überlegen, zu welchen Themen sie mit den Jugendlichen und Auszubildenden Kontakt aufnimmt. Z. B. kann es sinnvoll sein, sich die Arbeitsabläufe und den Ablauf des Arbeitstags schildern zu lassen. Hierdurch erfährt die JAV, wie die örtlichen Ausbildungsbedingungen sind und ob möglicherweise Verstöße gegen Gesetze, Verordnungen oder Tarifverträge vorliegen. Außerdem sollte man die Begehung zeitlich so legen, dass man möglichst viele Auszubildende antrifft und entsprechend Tage, in denen ein großer Teil in der Berufsschule ist, vermeiden.

56. Welche Pflichten gelten für die JAV?

Das die Begehung durchführende JAV-Mitglied muss sich vorab bei seinem/seiner Vorgesetzten oder seinem/seiner Ausbilder:in offiziell abmelden. Es genügt die Info, dass man zur Wahrnehmung des Ehrenamtes im Betrieb unterwegs ist und wie lange dies voraussichtlich dauern wird. Gemäß § 65 i. V. m. § 37 Abs. 2 BetrVG sind Mitglieder der JAV von ihrer beruflichen Tätigkeit freizustellen, soweit dies zur ordnungsgemäßen Ausführung ihrer Aufgaben, erforderlich ist. Dazu gehört auch die Arbeitsplatzbegehung. Bei der zeitlichen Lage der Begehung sind betriebliche Interessen zu berücksichtigen. Trotzdem kann eine Arbeitsplatzbegehung auch erforderlich sein obwohl oder vielleicht sogar gerade weil besonders viel zu tun ist.

57. Wie sollte die Begehung vorbereitet werden?

Zunächst ist innerhalb der JAV zu klären, welches Ziel mit der Begehung erreicht werden soll. Die Aufgaben sind dann an die einzelnen Mitglieder zu verteilen, z. B. wer kümmert sich um die Terminabsprachen, wer nimmt an der Begehung teil etc. Ein Fragenkatalog oder eine Checkliste mit den zu erfragenden Punkten sollte vorab erarbeitet werden. Wichtig ist auch die vorherige Rücksprache mit dem Betriebsrat. Die Ausbildungsplatzbegehung sollte vom durchführenden JAV-Mitglied dokumentiert werden, denn die Notizen über die vorgefundene bzw. geschilderte Ausbildungssituation sind wichtig für eine spätere Beurteilung.

58. Was passiert nach der Begehung?

Im Anschluss an die Begehung müssen die Probleme ausgewertet, analysiert und bearbeitet werden.
Von der Begehung wird ein ausführliches Protokoll erstellt. Hier wird vermerkt, wann und wo wer mit wem gesprochen hat. Wenn die JAV auf Probleme angesprochen wird, sollte der Sachverhalt detailliert aufgeschrieben werden. Später lässt sich anhand dieser Notizen der Gesprächsverlauf nachvollziehen und man vergisst nicht, wo es Handlungsbedarf gibt.
Die Jugendlichen und Auszubildenden sollten regelmäßig über den Bearbeitungsstand und über das Ergebnis der JAV-Tätigkeit informiert werden.

VII. Übernahme

Die Mitglieder der Jugend- und Auszubildendenvertretung vertreten die Interessen der Auszubildenden. Hierbei kann es vorkommen, dass dies zu Konflikten zwischen JAV und Ausbildern, Ausbildungsleitung oder Arbeitgeber kommt. Damit die JAV in diese Konflikte gehen kann, ohne in die Gefahr zu geraten deshalb z. B. die eigene Übernahme zu gefährden, besteht ein grundsätzlicher Anspruch auf Übernahme. Auch kann in Einzelfällen die eigene Ausbildung durch das Engagement in der JAV etwas leiden. Deshalb ist das Recht auf Übernahme nach BetrVG auch nicht von den eigenen Noten abhängig.
Leider gibt es immer mal wieder Fälle, in denen der Arbeitgeber das Engagement für die Auszubildenden nicht zu schätzen weiß, sondern vielmehr die JAV oder einzelne JAV-Mitglieder als lästiges Anhängsel des vielleicht ebenfalls lästigen Betriebsrats sieht, was ihm nur Ärger bereitet. Ohne den besonderen Schutz der Übernahme, wäre es für den Arbeitgeber ein leichtes Spiel sich der Mitglieder der JAV nach der Ausbildung zu entledigen. Dies soll auch aus Sicht des Gesetzgebers verhindert werden. Wie dieses Kapitel zeigt, gilt es einige Formalien einzuhalten, da sonst der Übernahmeanspruch erst gar nicht entsteht.

59. Was heißt »Anspruch auf Übernahme«?

Ausbildungsverhältnisse gehen nicht automatisch in ein festes Arbeitsverhältnis über. Die Ausbildung endet entweder zum im Ausbildungsvertrag vereinbarten Enddatum oder mit der Bekanntgabe des Prüfungsergebnisses, wenn der/die Auszubildende die Abschlussprüfung vor Ablauf der vertraglich festgelegten Ausbildungszeit besteht. Bestehen Auszubildende die Abschlussprüfung nicht, so verlängert sich das Berufsausbildungsverhältnis auf ihr Verlangen bis zur nächstmöglichen Wiederholungsprüfung, aber höchstens um ein Jahr.
Wer jedoch als Auszubildende/r Mitglied der Jugend- und Auszubildendenvertretung (JAV) oder des Betriebsrats ist, genießt einen Sonderschutz. Das Mitglied kann vom Arbeitgeber verlangen, nach Ende der Ausbildung in ein unbefristetes Arbeitsverhältnis übernommen zu werden. Das ist der sogenannte »Anspruch auf Übernahme« und ist im Gesetz in § 78a BetrVG festgelegt.

60. Wer hat einen Anspruch auf Übernahme?

Der Übernahmeanspruch gilt für Auszubildende, die gleichzeitig Mitglieder der JAV, des Betriebsrats, der Bordvertretung oder des Seebetriebsrats sind. Er gilt ab dem Zeitpunkt, in dem das Wahlergebnis der JAV feststeht. Es ist nicht nötig, dass sie zum Zeitpunkt des Ausbildungsendes noch Mitglied einer Interessenvertretung sind. Es reicht aus, wenn die Amtszeit zum Zeitpunkt des Ausbildungsendes nicht länger als ein Jahr zurückliegt. Die Mitglieder der Interessenvertretungen sollen damit vor Benachteiligungen durch den Arbeitgeber geschützt werden. Die Arbeit in den Gremien kann also ohne Angst oder Befürchtungen vor Konsequenzen durch den Arbeitgeber ausgeübt werden.

61. Besteht Anspruch auf einen bestimmten Arbeitsplatz?

Nein. Mitglieder der JAV können zwar die Übernahme, nicht aber einen bestimmten Arbeitsplatz verlangen. Der Arbeitgeber kann entscheiden, welcher Arbeitsplatz für das JAV-Mitglied in Frage kommt. Allerdings kann er nicht jede beliebige Stelle im Betrieb dafür auswählen. Der Arbeitsplatz muss den Qualifikationen, die das JAV-Mitglied mitbringt, entsprechen. D.h., es muss eine Tätigkeit sein, in der das JAV-Mitglied auch ausgebildet wurde. Dies ergibt sich u.a. aus § 37 Abs. 5 BetrVG. Eine geringwertigere Tätigkeit käme nur dann in Betracht, wenn eine gleichwertige Einsatzmöglichkeit nicht besteht. Zudem besteht der Übernahmeanspruch grundsätzlich für eine Vollzeitstelle. Nur wenn eine Übernahme in Vollzeit nicht möglich ist oder vom JAV nicht gewollt ist, kann ausnahmsweise auch eine Übernahme in Teilzeit erfolgen. Außerdem muss sich der Arbeitsplatz im Ausbildungsbetrieb befinden und nicht etwa in einem anderen Betrieb desselben Unternehmens.

62. Was passiert mit dem Anspruch auf unbefristete Übernahme, wenn ich einen befristeten Arbeitsvertrag unterschreibe?

Falls ein JAV- oder BR-Mitglied einen befristeten Vertrag unterschreibt, so verzichtet es damit auf die unbefristete Übernahme. Nach Ende der Befristung könnte der Arbeitgeber das Arbeitsverhältnis also nicht fortsetzen, da sich der Übernahmeanspruch nur auf das Ende der Ausbildung bezieht. Dies gilt unabhängig davon, ob das JAV-Mitglied zum Zeitpunkt des Vertragsendes noch Mitglied ist, ausgeschieden ist oder vielleicht sogar in den Betriebsrat gewählt wurde.

> **Praxistipp:**
> In der Praxis kommt es häufiger vor, dass Arbeitgeber einem JAV- oder BR-Mitglied einen befristeten Arbeitsvertrag für die Übernahme anbieten. Das Mitglied muss sich sehr genau überlegen, ob es das Angebot annimmt, da somit der Anspruch auf unbefristete Übernahme erlischt. Auf der anderen Seite ist der befristete Arbeitsvertrag sicher. Für diese Entscheidung ist die Situation im Einzelfall maßgeblich. Hier sollte auch ein enger Austausch mit dem Betriebsrat und ggf. der zuständigen Gewerkschaft erfolgen.

63. Wann haben Ersatzmitglieder einen Anspruch auf Übernahme?

Für Ersatzmitglieder besteht ein Übernahmeanspruch, wenn sie beispielsweise für ein ausgeschiedenes, ordentliches JAV-Mitglied nachrücken. Genauso besitzen Ersatzmitglieder den Übernahmeanspruch, wenn sie vorübergehend für ein ordentliches JAV-Mitglied, das zeitweise verhindert ist, als Vertretung einspringen. Voraussetzung ist, dass sie dann auch konkrete Aufgaben in der JAV-Arbeit übernehmen, wie z. B. an der JAV- oder BR-Sitzung teilnehmen. Als Nachweis sollte das Sitzungsprotokoll oder die Anwesenheitsliste aufgehoben werden. Zudem muss die JAV-Tätigkeit innerhalb des letzten Jahres vor Ausbildungsende stattgefunden haben. Haben Ersatzmitglieder innerhalb des letzten Jahres keinerlei Aufgaben in der JAV übernommen, besteht auch kein Übernahmeanspruch.

64. Muss ein Antrag auf Übernahme gestellt werden?

Ja. Möchte das JAV-Mitglied das Arbeitsverhältnis fortsetzen, dann muss er/sie einen schriftlichen Antrag auf Übernahme beim Arbeitgeber stellen. Dies gilt unabhängig davon, ob er/sie vom Arbeitgeber eine Information über eine mögliche, anschließende Beschäftigung nach der Ausbildung bekommen hat. Der Antrag ist die einzige Voraussetzung. Eine Zustimmung des Arbeitgebers wird nicht benötigt. Im Anschluss an das Ausbildungsverhältnis entsteht dann automatisch ein normales Vollzeit-Arbeitsverhältnis auf unbestimmte Zeit.

65. In welcher Form muss der Antrag auf Übernahme gestellt werden?

Der Übernahmeantrag des JAV-Mitglieds muss schriftlich gegenüber dem Arbeitgeber erfolgen und eigenhändig unterzeichnet werden, d. h. ein Antrag per E-Mail ist nicht ausreichend. Im Antrag sollte die Übernahme in ein Vollzeitarbeitsverhältnis im erlernten Beruf verlangt und der Hinweis auf die JAV-Mitgliedschaft genannt werden. Eine nähere Begründung des Übernahmewunsches braucht es nicht. Das JAV-Mitglied sollte sich den

Erhalt des Antrags schriftlich bestätigen lassen oder es empfiehlt sich, den Antrag postalisch per Einschreiben mit Rückschein zu verschicken.

> **Praxistipp:**
> Für den grundsätzlichen Anspruch auf Übernahme reicht der o.g. schriftliche Antrag aus. Sollte der Arbeitgeber die Übernahme ablehnen, fordert das Bundesarbeitsgericht, dass das JAV/BR-Mitglied daraufhin konkret erläutert, wie es sich die Übernahme vorstellen kann, also wo aus dessen Sicht Übernahmemöglichkeiten und in welcher Form vorhanden wären. Hierzu ist eine Beratung mit dem Betriebsrat hilfreich, da dieser die entsprechenden betrieblichen Informationen zur Verfügung hat.

66. Bis wann muss der Antrag auf Übernahme spätestens gestellt werden?

JAV-Mitglieder müssen einen Antrag auf Übernahme innerhalb der letzten drei Kalendermonate vor Ende des Ausbildungsverhältnisses stellen. Das Ausbildungsverhältnis endet mit den Abschlussprüfungen (§ 21 BBiG). Das bedeutet, JAV-Mitglieder können frühestens drei Monate vor dem letzten Prüfungstag ihrer Abschlussprüfungen ihre Übernahme in das Arbeitsverhältnis beantragen. Wichtig ist, dass der Übernahmeantrag bis spätestens zum letzten Prüfungstag gestellt wird. Danach können JAV-Mitglieder die Übernahme nicht mehr verlangen. Im Falle des Nichtbestehens der Abschlussprüfung, endet die Ausbildung mit der Wiederholungsprüfung.

67. Was passiert, wenn der Antrag auf Übernahme zu früh gestellt wird?

Stellt das JAV-Mitglied den Antrag mehr als drei Monate vor Ende der Ausbildung ist dieser unwirksam. Der Antrag muss sodann innerhalb der letzten drei Monate vor dem Ausbildungsende erneut eingereicht werden, damit er wirksam ist.

68. Kann der Arbeitgeber die Übernahme verweigern?

In bestimmten Fällen kann der Arbeitgeber die Übernahme verweigern. Das könnte beispielsweise bei tätlichen Angriffen auf den Arbeitgeber oder Kolleg:innen oder bei unentschuldigtem Fernbleiben von der Arbeit der Fall sein. Daneben kann die Übernahme für den Arbeitgeber unzumutbar sein, wenn es keinen freien Arbeitsplatz im Betrieb mehr gibt. Dazu muss sich der Arbeitgeber spätestens bis zwei Wochen nach dem Ausbildungsende des JAV-Mitglieds an das zuständige Arbeitsgericht wenden. Das Gericht entscheidet dann, ob die Weiterbeschäftigung des JAV-Mitglieds für den Arbeitgeber »unzumutbar« ist. Daher ist es für das JAV-Mitglied wichtig im Streitfall vor Gericht nachweisen zu können, dass z. B. freie Arbeitsplätze bestehen und dass andere Auszubildende übernommen wurden. Es empfiehlt sich in solchen Fällen einen Rechtsbeistand (z. B. Gewerkschaft, Rechtsanwalt/Rechtsanwältin) hinzuzuziehen.

69. Muss ich die Abschlussprüfung bestehen, damit ich einen Anspruch auf Übernahme habe?

Das Betriebsverfassungsgesetz setzt die erfolgreiche Abschlussprüfung nicht als Voraussetzung für die Übernahme voraus (Landesarbeitsgericht Baden-Württemberg 13. 10. 1977 – 7 Sa134/77). Das Nichtbestehen könnte allerdings ggf. die Auswahl der Arbeitsplätze einschränken und somit negative Auswirkungen auf das Entgelt bedeuten.

VIII. Jugend- und Auszubildendenversammlung

Die Kommunikation zwischen JAV und Jugendlichen bzw. Auszubildenden ist enorm wichtig. Eine Möglichkeit ist die Jugend- und Auszubildendenversammlung (JA-Versammlung). Der große Vorteil dieser Versammlung besteht darin, dass die JAV alle Jugendlichen und Auszubildenden während der Arbeitszeit einladen kann und so nicht nur die JAV-Arbeit darstellen kann, sondern auch Themen besprechen sowie Meinungen oder Stimmungen abfragen kann.

70. Wozu dient die JA-Versammlung?

Um mit den von ihr vertretenen Beschäftigten Kontakt aufzunehmen, kann eine JAV bis zu viermal im Jahr eine Jugend- und Auszubildendenversammlung durchführen. Eine solche Versammlung bietet Raum für Diskussionen unter den Jugendlichen und den zur Ausbildung Beschäftigten. § 71 BetrVG regelt das Recht der JAV zur Durchführung einer solchen Versammlung. Dort wird auf die wesentlichen Regeln für die Betriebsversammlung verwiesen.

71. Wer leitet die JA-Versammlung?

Die Versammlung wird von dem oder der Vorsitzenden der Jugend- und Auszubildendenvertretung geleitet. Obwohl der § 71 BetrVG für JA-Versammlungen nicht ausdrücklich auf § 42 Abs. 1 Satz 1 BetrVG verweist, in dem dies ausdrücklich für Betriebsversammlungen geregelt ist, entspricht dies der allgemeinen Meinung der Fachliteratur. Sollte diese/r verhindert sein, übernimmt die/der stellvertretende Vorsitzende.
Mit dem Leiten der Versammlung besteht die Aufgabe dafür zu sorgen, dass die Versammlung ordnungsgemäß abläuft und keine unzulässigen Themen besprochen werden. Hierzu steht dem Vorsitz auch das Hausrecht für die Dauer der Versammlung zu. Dies kann auch dazu genutzt werden, störende Teilnehmer zur Ordnung zu rufen oder im Extremfall als letzte Möglichkeit der Versammlung zu verweisen.

Praxistipp:
Auch wenn dem Vorsitz mit dem Hausrecht die Möglichkeit gegeben ist, störende Teilnehmer der Versammlung zu verweisen, sollte dies wirklich nur als letztes Mittel angewandt werden. Zunächst sollten störende Teilnehmer ermahnt werden. Wenn dies durch einzelne Jugendliche bzw. Auszubildenden erfolgt, hilft oft auch ein Hinweis von den anderen interessierten Jugendlichen und Auszubildenden. Schwieriger ist der Umgang mit einem störenden Arbeitgeber. Dies findet glücklicherweise in der Praxis nur selten statt. Aber auch in diesen Ausnahmefällen gilt es Ruhe zu bewahren und lieber mehrfach zu ermahnen. Sollte die Durchführung der Versammlung allerdings weiterhin durch das störende Verhalten des Arbeitgebers gefährdet werden, bleibt am Ende keine andere Möglichkeit als den Arbeitgeber des Raumes zu verweisen. Hierbei muss auch immer berücksichtigt werden, dass solche Eskalationen das Arbeitsklima zwischen JAV/Betriebsrat und Arbeitgeber

nachhaltig beeinflussen können und bedacht werden, wie damit umgegangen werden kann, wenn der Arbeitgeber dieser Aufforderung nicht nachkommt.

72. Was sind die Voraussetzungen einer JA-Versammlung?

Die JAV entscheidet, ob sie eine Versammlung durchführen möchte. Für die Einberufung einer JA-Versammlung ist ein Beschluss der JAV erforderlich. Zudem ist die Zustimmung des Betriebsrats notwendig. Der Betriebsrat muss auch dem Zeitpunkt und der Tagesordnung zustimmen. Daher hat die JAV dem Betriebsrat im Vorfeld den geplanten Termin der Versammlung und die Tagesordnungspunkte mitzuteilen. Der Betriebsrat entscheidet dann per Beschluss, ob die Versammlung stattfinden darf. Widersprechen darf der Betriebsrat der Versammlung jedoch nur, wenn er dies sachlich begründen kann.
Ändert die JAV nachträglich die Planung, muss der Betriebsrat informiert werden und einen neuen Beschluss fassen. Auch wenn die Tagesordnung bereits feststeht, schließt dies nicht aus, dass weitere Themen diskutiert werden, die später in die Versammlung eingebracht werden.

73. Wer darf an der Versammlung teilnehmen?

Zur Teilnahme an der JA-Versammlung sind alle Jugendlichen und alle diejenigen berechtigt, die eine Berufsausbildung absolvieren (dazu gehören auch dual Studierende). Ebenso hat die gesamte JAV ein Teilnahmerecht. Daneben ist der/die Betriebsratsvorsitzende oder ein vom Betriebsrat beauftragtes Mitglied berechtigt, an der Versammlung teilzunehmen. Auch der Arbeitgeber sowie ein/e Beauftragte/r der im Betrieb vertretenen Gewerkschaft dürfen teilnehmen. Außerdem dürfen Beauftragte der Gesamt-JAV bzw. Konzern-JAV, Arbeitnehmervertretungen im Aufsichtsrat und externe Referierende an der Versammlung teilnehmen. Alle Teilnahmeberechtigten haben ein Recht zur Stellungnahme in der Versammlung.
Die Versammlung ist nicht öffentlich, daher können Dritte nur dann teilnehmen, wenn sie als Gäste oder Auskunftspersonen zu der Versammlung geladen werden.

74. Hat der Arbeitgeber ein Recht auf der ganzen Jugend- und Auszubildendenversammlung teilzunehmen und zu sprechen?

Der Arbeitgeber hat ein grundsätzliches Recht an der gesamten JA-Versammlung teilzunehmen (§ 71 Satz 3 i. V. m. § 43 Abs. 1 Satz 1 BetrVG). Er hat auch das Recht, sich zu den einzelnen Punkten zu äußern. Diese Möglichkeit steht auch allen anderen teilnahmeberechtigten Personen zu.
Die JAV kann auch im Vorfeld den Arbeitgeber bitten, sich auf einzelne Punkte vorzubereiten und zu ihnen zu sprechen, wie z. B. zum Stand der Übernahme der Auszubildenden oder zu fehlenden Ausbildungsmitteln. Hier kann es Sinn machen, bei längeren Referaten eine festgelegte Redezeit zu vereinbaren, da einige Arbeitgeber sehr ausschweifend werden können.

Praxistipp:
Es kann Sinn machen, den Arbeitgeber zu bitten, dass er nur teilweise an der Versammlung teilnimmt, damit die JAV mit den Auszubildenden Punkte auch ohne die Anwesenheit des Arbeitgebers besprechen kann. So kann es sinnvoll sein, die erste Stunde ohne Arbeitgeber durchzuführen und in dieser Zeit Fragen und Anregungen zu sammeln oder sich Stimmungsbilder einzuholen. Wenn dann danach der Arbeitgeber am zweiten Teil der Versammlung teilnimmt, können genau diese Punkte mit ihm besprochen werden. Diese Vorgehensweise ist aber nur möglich, wenn der Arbeitgeber sich damit einverstanden erklärt.

75. Was macht die Gewerkschaft auf der JA-Versammlung?

Die im Betrieb vertretenen Gewerkschaften haben ein Teilnahmerecht (§ 71 Satz 3 i. V. m. § 46 BetrVG). Damit diese es auch wahrnehmen können, ist ihnen der Zeitpunkt und die Tagesordnung rechtzeitig schriftlich mitzuteilen. Da die Gewerkschaften mit den betrieblichen Interessenvertretungen zusammenarbeiten sollen, kann die Teilnahme der Gewerkschaft die JAV auch in der Versammlung unterstützen. Die Vertreter der Gewerkschaft nehmen mit beratender Stimme an der Versammlung teil. Sie können sich also äußern, dürfen aber nicht mit abstimmen. Außerdem ist es möglich, in der Tagesordnung ausdrücklich Punkte aufzunehmen, zu denen die Vertreter der Gewerkschaft etwas sagen sollen. Dies sollte vorher mit den Vertretern der Gewerkschaft abgesprochen werden. Wen die Gewerkschaft als Vertreter entsendet, ist grundsätzlich ihr überlassen. Der Arbeitgeber hat hier in der Regel keinen Einfluss. Eine Ausnahme besteht nur, wenn der Arbeitgeber objektiv wegen der Teilnahme dieses einen konkreten Vertreters ernsthaft mit der Störung des betrieblichen Geschehens oder Betriebsfriedens rechnen muss. Sollte dies ausnahmsweise zutreffen, so verliert die Gewerkschaft jedoch nicht ihr Teilnahmerecht, sondern kann einen anderen Vertreter entsenden.

76. Wann findet die Versammlung statt?

Die JA-Versammlung findet – wie die Betriebsversammlung – während der Arbeitszeit statt (§ 71 Satz 3 i. V. m. § 44 Abs. 1 Satz 1 BetrVG). Sie wird meist vor oder nach einer Betriebsversammlung durchgeführt. Grundsätzlich muss die JA-Versammlung also möglichst an demselben Tag wie die Betriebsversammlung stattfinden. Damit der Besuch von zwei Versammlungen an einem Tag nicht unzumutbar ist, sollte zwischen den Versammlungen eine Pause liegen. Mit Einverständnis von Arbeitgeber und Betriebsrat kann die JA-Versammlung jedoch auch zu einem anderen Zeitpunkt anberaumt werden (§ 71 Satz 2 BetrVG), z. B. wenn sich ein Großteil der Auszubildenden zum Zeitpunkt der Betriebsversammlung in der Berufsschule befindet oder die Organisation der Betriebsversammlung eine angemessene Durchführung der JA-Versammlung einschränken würde. Auch dann findet die JA-Versammlung grundsätzlich während der Arbeitszeit statt.

77. Welche Arten von Versammlungen gibt es?

Die JA-Versammlung ist in der Regel eine Vollversammlung. Eine Teilversammlung ist in Ausnahmefällen möglich. Sie ist notwendig, wenn andernfalls keine JA-Versammlung möglich wäre, z. B. wenn in Schichten gearbeitet wird oder Betriebsteile räumlich voneinander entfernt sind. Zusätzlich zu den ordentlichen Versammlungen können bei Bedarf auch außerordentliche Versammlungen durchgeführt werden.

78. Was gilt bei einer außerordentlichen JA-Versammlung?

Die JAV kann mit Zustimmung des Betriebsrats auch eine außerordentliche JA-Versammlung anberaumen. Möglich ist das nach § 43 Abs. 3 BetrVG, der auf die JAV-Arbeit anzuwenden ist: Danach kann die JAV auf eigenen Wunsch bzw. muss die JAV auf Wunsch des Arbeitgebers oder von mindestens einem Viertel der wahlberechtigten Jugendlichen und Auszubildenden eine außerordentliche JA-Versammlung einberufen. In einer außerordentlichen JA-Versammlung werden Angelegenheiten aus besonderem, aktuellen Anlass behandelt. Sollte die JA-Versammlung aufgrund einer außerordentlichen Betriebsversammlung, die außerhalb der Arbeitszeit stattfindet, einberufen werden, besteht kein Anspruch auf Arbeitsentgelt. Sollte die außerordentliche Betriebsversammlung allerdings während der Arbeitszeit stattfinden, besteht ein Anspruch auf Zahlung des Arbeitsentgelts.

79. Wie wird die JA-Versammlung durchgeführt?

Die JA-Versammlung wird nach Zustimmung des Betriebsrats im Namen der JAV einberufen. Der JAV-Vorsitz lädt zu der Versammlung rechtzeitig ein und teilt den Zeitpunkt und die Tagesordnung mit. Zeitpunkt und Tagesordnung sind auch dem Arbeitgeber und den Gewerkschaften mitzuteilen. Der JAV-Vorsitz übernimmt die Leitung der JA-Versammlung. Er hat dafür Sorge zu tragen, dass die Versammlung ordnungsgemäß abläuft.

Die JA-Versammlung kann Anträge an die JAV richten und zu ihren Beschlüssen Stellung nehmen. Dasselbe gilt für Beschlüsse des Betriebsrats. Alle an der Versammlung teilnahmeberechtigten Jugendlichen und zu ihrer Berufsausbildung Beschäftigten haben hierbei ein Stimmrecht. Abstimmungen in der Versammlung verschaffen lediglich ein Meinungsbild und haben keine bindende Wirkung für die JAV.

Für die Durchführung der JA-Versammlung hat der Arbeitgeber die erforderlichen Räume und sachlichen Mittel zur Verfügung zu stellen.

Praxistipp
Die JA-Versammlung kann sehr unterschiedlich gestaltet werden. So können z. B. kleine Arbeitsgruppen im Rahmen der Versammlung zu aktuellen Themen der Ausbildung arbeiten und ihre Ergebnisse vorstellen. Wandzeitungen mit Klebepunkten können anonym einen Überblick über z. B. die Zufriedenheit mit der Ausbildung geben. Die JAV könnte einen »Briefkasten« aufstellen, in dem anonym Fragen gestellt werden können, falls sich jemand auf der Versammlung nicht traut zu sprechen. Auch sollte sich die JAV Gedanken über die Sitzordnung machen. Zudem besteht inzwischen die Möglichkeit, über eine Handy-App wie z. B. Mentimeter, Sly.do oder Schnaq die Versammlung interaktiver zu gestalten. So können über die Software während der laufenden Versammlungen (anonym) Fragen gestellt werden, die über Beamer auf eine Leinwand o. ä. für alle sichtbar gemacht werden und von den anderen Teilnehmern der Versammlung als besonders interessant gewertet werden können und damit als erste zu beantworten wären. Die Kosten für dieses Mittel sind vom Arbeitgeber zu tragen. Dies muss jedoch vorher mit dem Arbeitgeber und der IT-Abteilung abgesprochen werden.

80. Was wird auf der JA-Versammlung besprochen?

Auf der JA-Versammlung können alle Themen erörtert werden, die die jugendlichen Beschäftigten oder die im Betrieb beschäftigten Auszubildenden unmittelbar betreffen. Hierzu zählen z. B. wirtschaftliche Themen, die Tarifpolitik, die Vereinbarkeit von Ausbildung und Beruf, die Geschlechtergleichstellung oder sozialpolitische Themen.
Voraussetzung ist, dass jeweils ein Bezug zu den Auszubildenden oder den jugendlichen Beschäftigten besteht. Unzulässige Themen dürfen nicht behandelt werden. Alle an der Versammlung Teilnahmeberechtigten haben in der Versammlung ein Rederecht.

81. Wer hat einen Anspruch auf Arbeitsbefreiung?

Findet die JA-Versammlung innerhalb der Arbeitszeit statt, so besteht ein Anspruch auf Arbeitsbefreiung für die teilnahmeberechtigten Beschäftigten. Den Jugendlichen und Auszubildenden ist die Zeit der Teilnahme an der JA-Versammlung wie Arbeitszeit zu vergüten. Auch zusätzliche Wegezeiten und Fahrtkosten werden erstattet, wenn sie anfallen. Wenn JA-Versammlungen gem. § 71 Abs. 2 BetrVG mit dem Einverständnis des Arbeitgebers zu einem anderen Zeitpunkt als im Zusammenhang mit einer

Betriebsversammlung stattfinden, ist die Zeit auch dann als Arbeitszeit zu vergüten.

IX. Gesamt-Jugend- und Auszubildendenvertretung

Wenn von der JAV die Rede ist, ist üblicherweise die örtliche JAV gemeint. Sie hat den direkten Kontakt zu den Auszubildenden und wird auch direkt von ihr gewählt. Außerdem werden die meisten Entscheidungen für die konkrete Ausbildung in den Betrieben getroffen. Deshalb ist die Gründung der örtlichen JAV besonders wichtig. Oftmals ist der örtliche Betrieb ein Teil eines größeren Unternehmens oder sogar eines Konzerns. Auch auf diesen Ebenen sind die Interessen der Jugendlichen und Auszubildenden zu vertreten. Dies geschieht durch die Gesamt-Jugend- und Auszubildendenvertretung (GJAV), bzw. die Konzern-Jugend- und Auszubildendenvertretung (KJAV). Sie bieten eine gute Möglichkeit zum Austausch zwischen den Vertretern der einzelnen JAVen.

82. Wann ist eine Gesamt-Jugend- und Auszubildendenvertretung (GJAV) zu bilden?

Sobald mehrere Jugend- und Auszubildendenvertretungen in einem Unternehmen bestehen, ist eine GJAV zu errichten (§ 72 Abs. 1 BetrVG). Ein Beschluss ist dafür nicht nötig. Das Gesetz schreibt die Errichtung zwingend vor. Die Jugend- und Auszubildendenvertretungen sind verpflichtet, Mitglieder in die GJAV zu entsenden. Andernfalls stellt dies einen groben Pflichtverstoß dar.

83. Wie wird eine GJAV gebildet?

Die Bildung der GJAV geht von der JAV der Hauptverwaltung des Unternehmens aus, die eine konstituierende Sitzung einberuft (§ 73 Abs. 2 i.V.m. § 51 Abs. 2 BetrVG). Besteht in der Hauptverwaltung des Unternehmens keine JAV, muss die JAV desjenigen Betriebs zur konstituierenden Sitzung laden, der anhand der letzten Wählerliste zur JAV-Wahl die meisten wahlberechtigten Beschäftigten hatte. Die einladende JAV muss den Gesamt-Betriebsrat (GBR) über die Sitzung unterrichten (§ 73 Abs. 1 Satz 1 BetrVG). Der Vorsitz der einladenden JAV leitet die Sitzung bis zu dem Zeitpunkt, in dem die GJAV eine Wahlleitung bestimmt hat. Mit der Wahl des GJAV-Vorsitzes und dessen Stellvertretung ist die GJAV handlungsfähig.

84. Wer ist Mitglied in der GJAV?

Die JAVen der einzelnen Betriebe im Unternehmen wählen jeweils eines ihrer Mitglieder, welches in die GJAV entsendet wird (§ 72 Abs. 2 BetrVG). In der Regel wird ein JAV-Mitglied entsendet. Dieses wird per einfachem Mehrheitsbeschluss bestimmt. Ein Betrieb kann gegebenenfalls mehrere JAV-Mitglieder entsenden, wenn dies im Tarifvertrag oder in einer Betriebsvereinbarung geregelt ist (§ 72 Abs. 4 BetrVG). Zusätzlich muss jeweils ein Ersatzmitglied festgelegt werden, welches bei Verhinderung nachrückt (§ 72 Abs. 3 BetrVG). Es können mehrere Ersatzmitglieder bestimmt werden. In diesem Fall muss eine Reihenfolge für das Nachrücken festgelegt werden. Ein entsendetes JAV-Mitglied kann ohne Angabe von Gründen auch wieder abberufen werden. Dies beschließt die JAV mit einfacher Stimmenmehrheit. Wählt die JAV nach Abberufung kein neues Mitglied, rückt das Ersatzmitglied nach.

85. Wann ist die GJAV zuständig und welche Aufgaben hat sie?

Die GJAV ist zuständig für Angelegenheiten, die insbesondere jugendliche Beschäftigte und Auszubildende des gesamten Unternehmens oder zumindest von mehreren Betrieben betreffen und die nicht durch die einzelnen JAVen innerhalb der Betriebe geregelt werden können. In diesen speziellen Fällen ist die GJAV auch für Betriebe ohne eigene JAV zuständig (§ 73 Abs. 2 i. V. m. § 50 BetrVG). Die GJAV handelt in ihrem Zuständigkeitsbereich selbstständig und hat – wie die JAV – ein Antrags- und Anregungsrecht und ein Überwachungsrecht (§ 70 BetrVG). Um den jungen Beschäftigten ein effektiveres Arbeiten zu ermöglichen, können auch Ausschüsse gebildet werden (§ 28 Abs. 1 BetrVG). Die GJAV kann die Interessen gegenüber dem Unternehmen nur über den Gesamtbetriebsrat (GBR) vertreten.

86. Was ist bei den Sitzungen der GJAV zu beachten?

Die GJAV kann nach Unterrichtung des GBR eigene Sitzungen abhalten (§ 73 Abs. 1 BetrVG). Die Zustimmung des GBR benötigt sie nicht. Für die Sitzungen gelten weitestgehend die allgemeinen gesetzlichen Regelungen (vgl. § 73 Abs. 2 BetrVG). Die regulären Sitzungen werden durch den GJAV-Vorsitz rechtzeitig und unter Angabe der Tagesordnung einberufen. Sowohl der Arbeitgeber als auch ein Viertel der Mitglieder der GJAV können eine Sitzung der GJAV einberufen (§ 73 Abs. 2 i. V. m. § 29 Abs. 3 BetrVG). Der GBR hingegen hat kein Recht, eine Sitzung zu beantragen. Die Sitzungen finden grundsätzlich während der Arbeitszeit statt und sind nicht öffentlich (§ 73 Abs. 2 i. V. m. § 30 Abs. 2 BetrVG). Sitzungen können ausnahmsweise mittels Video- oder Telefonkonferenz abgehalten werden (§ 30 Abs. 2 BetrVG). Der GBR-Vorsitz oder ein von ihm beauftragtes Mitglied hat ein Teilnahmerecht an den Sitzungen. Gleichermaßen kann eine von der Gewerkschaft beauftragte Person teilnehmen, wenn die Antragsvoraussetzungen gem. § 31 BetrVG vorliegen.

87. Was gilt bei Abstimmungen?

Jedes GJAV-Mitglied ist stimmberechtigt und in seiner Stimmabgabe frei und nicht an Weisungen der entsendenden JAV gebunden. Die Stimmen der einzelnen GJAV-Mitglieder sind unterschiedlich gewichtet. Ein GJAV-Mitglied hat so viele Stimmen, wie in dem entsendenden Betrieb jugendliche Beschäftigte und Auszubildende (nach § 60 Abs. 1 BetrVG) in der Wählerliste eingetragen sind (§ 72 Abs. 7 BetrVG). Damit soll den unterschiedlichen Größen der Betriebe eines Unternehmens in den Abstimmungen Rechnung getragen werden.
Ist ein Mitglied der GJAV für mehrere Betriebe entsandt, so hat dieses Mitglied so viele Stimmen, wie in den Betrieben, für die es entsandt ist,

jugendliche Beschäftigte und Auszubildende in den Wählerlisten eingetragen sind.
Sind Aufgrund eines Tarifvertrags oder einer Betriebsvereinbarung mehrere Mitglieder einer JAV aus einem Betrieb entsandt worden, stehen diesen die Stimmen der Wahlberechtigten aus ihrem Betrieb anteilig zu. Die Stimmabgabe eines Mitglieds ist nur einheitlich möglich.

88. Wie lange ist die Amtszeit der GJAV?

Die GJAV ist ein auf Dauer angelegtes Gremium und hat daher keine feste Amtszeit. Solange die Voraussetzungen unter denen eine GJAV zwingend errichtet wird vorliegen, besteht die GJAV. Die GJAV kann sich weder selbst auflösen noch kann ein Gericht dies veranlassen. Es können nur die Mitglieder der GJAV im Laufe der Zeit wechseln. Werden die JAVen in den Betrieben neu gewählt, müssen die neuen JAVen erneut neue Mitglieder zur Entsendung in die GJAV bestimmen. Ein Mitgliederwechsel kann auch durch Abberufung stattfinden. Die GJAV selbst bleibt jedoch immer bestehen.

89. Was gilt für das Verhältnis JAV/GJAV?

Die GJAV ist den einzelnen JAVen nicht übergeordnet, es besteht weder eine Hierarchie noch eine Weisungsbefugnis der GJAV gegenüber den JAVen. Vielmehr stehen die Gremien mit unterschiedlichen Aufgaben nebeneinander. Wie die JAV auf Betriebsebene agiert, so handelt die GJAV auf Unternehmensebene. Die Vertretung der Interessen erfolgt nur im Gesamtbetriebsrat.

90. Hat die GJAV ein Teilnahmerecht an Sitzungen des GBR?

Die GJAV kann zu allen Sitzungen des GBR eines ihrer Mitglieder entsenden (§ 73 Abs. 2, § 67 Abs. 1 BetrVG). Werden Angelegenheiten behandelt, die besonders jugendliche Beschäftigte und Auszubildende betreffen, haben alle Mitglieder der GJAV ein Teilnahmerecht zu den betroffenen Tagesordnungspunkten. Zudem kann die GJAV bei dem GBR beantragen, eine Angelegenheit, die besonders junge Beschäftigte betrifft und über die die GJAV beraten hat, auf die Tagesordnung der nächsten Sitzung des GBR setzen zu lassen. Bei Beschlussfassungen des GBR, in denen es überwiegend um die Belange jugendlicher Beschäftigter und Auszubildender geht, haben alle Mitglieder ein Stimmrecht.

X. Konzern-Jugend- und Auszubildendenvertretung

Die Konzern-Jugend- und Auszubildendenvertretung kann ähnlich wie die Gesamt-Jugend- und Auszubildendenvertretung auf der Konzernebene gegründet werden.

91. Wann ist eine Konzern-Jugend- und Auszubildendenvertretung (KJAV) zu bilden?

Voraussetzung für die Bildung der KJAV ist, dass mindestens zwei Gesamt-Jugend- und Auszubildendenvertretungen (GJAV) im Konzern bestehen. Sollte in einem Unternehmen nur eine JAV und keine GJAV bestehen, so tritt die JAV an ihre Stelle. Im Gegensatz zur zwingenden Errichtung der GJAV, kann die KJAV freiwillig gebildet werden. Die beschließenden GJAVen müssen dafür mindestens 75 % der Auszubildenden und jungen Beschäftigten (im Sinne des § 60 Abs. 1 BetrVG) vertreten. Die einzelnen GJAVen beschließen die Errichtung der KJAV selbstständig. Ist die Errichtung der KJAV mehrheitlich beschlossen, sind die GJAVen zur Entsendung von Mitgliedern verpflichtet. Andernfalls stellt dies einen groben Pflichtverstoß dar. Ausnahmsweise kann die Bildung der KJAV auch von einer JAV ausgehen, falls im Konzern nur eine JAV und keine GJAV besteht (§ 73a Abs. 1 Satz 1–3 BetrVG).

92. Wie wird die KJAV errichtet?

Die Errichtung der KJAV kann jederzeit und von jeder GJAV des Konzerns in die Wege geleitet werden. Die Errichtung erfolgt durch selbstständige Beschlüsse der einzelnen GJAVen (§ 73a Abs. 1 BetrVG). Beschließende GJAVen können sich auch gegen die Errichtung der KJAV entscheiden. Die GJAV des herrschenden Unternehmens des Konzerns lädt bei Errichtung zur konstituierenden Sitzung der KJAV ein (§ 73b Abs. 2 i. V. m. § 59 Abs. 2 BetrVG). Herrschend ist dasjenige Unternehmen eines Konzerns, unter dessen Leitung die weiteren selbstständigen Unternehmen stehen. Besteht im herrschenden Unternehmen keine GJAV, muss die GJAV desjenigen Unternehmens, das zahlenmäßig die meisten jungen Beschäftigten hat, zur konstituierenden Sitzung einladen. Die einladende GJAV muss den Konzernbetriebsrat (KBR) über die Sitzung unterrichten (§ 73b Abs. 1 BetrVG). Der Vorsitz der einladenden GJAV leitet die Sitzung bis zu dem Zeitpunkt, in dem die KJAV eine Wahlleitung bestimmt hat. Mit der Wahl des KJAV-Vorsitzes und dessen Stellvertretung ist die KJAV handlungsfähig.

93. Wer ist Mitglied in der KJAV?

Die GJAVen der einzelnen Unternehmen des Konzerns sind verpflichtet per einfachem Mehrheitsbeschluss eines ihrer Mitglieder zur Entsendung in die KJAV auszuwählen (§ 73a Abs. 2, § 51 Abs. 3 BetrVG). Die Pflicht trifft auch GJAVen, die sich an dem Beschluss zur Errichtung der KJAV nicht beteiligt oder gegen die Errichtung gestimmt haben. Ausnahmsweise kann auch die JAV ein Mitglied entsenden, falls in dem Konzern nur eine JAV und keine GJAV besteht (§ 73a Abs. 1 Satz 3 BetrVG). Eine GJAV kann ggf. mehrere Mitglieder entsenden, wenn dies im Tarifvertrag oder in einer Betriebsvereinbarung geregelt ist. Zu dem gewählten GJAV-Mitglied, das entsendet wird, muss jeweils ein Ersatzmitglied festgelegt werden, welches bei Verhinderung nachrückt (§ 73a Abs. 3 BetrVG). Es können mehrere Ersatzmitglieder bestimmt werden. In diesem Fall muss eine Reihenfolge für das Nachrücken festgelegt werden. Ein KJAV-Mitglied kann ohne Angabe von Gründen durch die entsendende GJAV jederzeit wieder abberufen werden. Dies beschließt die entsendende GJAV mit einfacher Stimmenmehrheit. Wählt die GJAV nach Abberufung kein neues Mitglied, rückt das Ersatzmitglied nach.

94. Wie erfolgen Beschlüsse der KJAV?

Die KJAV kann, wie in den Sitzungen der JAV und GJAV, in ihrer Sitzung Beschlüsse fassen. Abweichend von den Abstimmungen in der JAV, hat jedes Mitglied der KJAV so viele Stimmen wie die GJAV besitzt, aus der es entsandt worden ist. Die Anzahl der Stimmen der jeweiligen GJAV entspricht der Anzahl der Jugendlichen und Auszubildenden aus dem Unternehmen. Entscheidend ist die Anzahl auf der Wählerliste bei der letzten Wahl.

95. Darf die KJAV Sitzungen abhalten?

Die KJAV darf nach Unterrichtung des Konzernbetriebsrats (KBR) eigene Sitzungen abhalten (§ 73b Abs. 1 BetrVG). Die Zustimmung des KBR benötigt sie nicht. Die regulären Sitzungen werden durch den KJAV-Vorsitz rechtzeitig und unter Angabe der Tagesordnung einberufen. Sowohl der Arbeitgeber als auch ein Viertel der Mitglieder der KJAV können eine Sitzung der KJAV einberufen. Der KBR hingegen hat kein Recht eine Sitzung zu beantragen. Die Sitzungen finden grundsätzlich während der Arbeitszeit statt und sind nicht öffentlich. Sitzungen können ausnahmsweise mittels Video- oder Telefonkonferenz abgehalten werden. Das gilt nicht für die konstituierende Sitzung, diese muss in Präsenz stattfinden. Der KBR-Vorsitz oder ein beauftragtes Mitglied hat ein Teilnahmerecht an den Sitzungen. Gleichermaßen kann eine von der Gewerkschaft beauftragte Person teilnehmen, wenn die Antragsvoraussetzungen gem. § 31 BetrVG vorliegen (§ 73b Abs. 1–3, § 29 Abs. 3, § 30 Abs. 2 BetrVG).

96. Wann ist die KJAV zuständig?

Die KJAV ist zuständig für Angelegenheiten, die insbesondere jugendliche Beschäftigte und Auszubildenden des gesamten Konzerns oder mehrerer

Unternehmen des Konzerns betreffen und die nicht durch die einzelnen GJAVen innerhalb ihrer Unternehmen geregelt werden können (§ 73b Abs. 2, § 58 Abs. 1 BetrVG). Die KJAV ist auch für Unternehmen ohne GJAV sowie Betriebe ohne JAV zuständig. Die KJAV ist gegenüber der GJAV oder JAV weder über- noch untergeordnet, Weisungen sind nicht möglich. Um den jugendlichen Beschäftigten und Auszubildenden ein effektiveres Arbeiten zu ermöglichen, können auch Ausschüsse gebildet werden (§ 28 Abs. 1 BetrVG). Die KJAV kann die Interessen gegenüber dem Konzern nur über den Konzernbetriebsrat vertreten, denn sie hat wie die örtliche JAV hat keine eigenen Mitbestimmungsrechte.

97. Wie lange ist die Amtszeit der KJAV?

Die KJAV ist ein auf Dauer angelegtes Gremium und hat keine feste Amtszeit. Solange die Voraussetzungen unter denen eine KJAV errichtet werden darf, vorliegen, besteht die KJAV. Die KJAV kann sich weder selbst auflösen noch kann ein Gericht dies veranlassen. Es können nur die Mitglieder der KJAV im Laufe der Zeit wechseln. Werden die JAVen in den Betrieben neu gewählt, müssen die neuen JAVen erneut neue Mitglieder zur Entsendung in die GJAV bestimmen, welche wiederum ein Mitglied in die KJAV entsendet. Einzelne Mitglieder können abberufen werden, die KJAV selbst bleibt jedoch immer bestehen. Nur ein Beschluss der GJAVen kann zur Auflösung der KJAV führen, wenn das – wie für die Errichtung – nötige Quorum von 75 % erreicht wird.

98. Was ist der Vorteil einer KJAV?

Nur die KJAV kann die Interessen von jungen Beschäftigten auf Konzernebene vertreten. Ein Konzern besteht aus mehreren Unternehmen. Über diese Unternehmen besitzt das herrschende Unternehmen die Konzernleitung und die Befugnis zu entscheiden. Daher ist die Interessenvertretung von jugendlichen Beschäftigten und Auszubildenden in unternehmensübergreifenden Angelegenheiten in Konzernen durch die KJAV möglich. Außerdem besteht durch die KJAV die Möglichkeit sich zwischen den

GJAV inhaltlich auszutauschen und Anregungen für die eigene Arbeit zu erhalten.

99. Hat die KJAV ein Teilnahmerecht an Sitzungen des KBR?

Die KJAV kann zu allen Sitzungen des KBR eines ihrer Mitglieder entsenden (§ 73b Abs. 2, § 67 Abs. 1 BetrVG). Werden Angelegenheiten behandelt, die besonders jugendliche Beschäftigte und Auszubildende betreffen, haben alle Mitglieder der KJAV ein Teilnahmerecht zu den betroffenen Tagesordnungspunkten. Zudem kann die KJAV bei dem KBR beantragen, eine Angelegenheit, die besonders jugendliche Beschäftigte und Auszubildende betrifft und über die die KJAV beraten hat, auf die Tagesordnung der nächsten Sitzung des KBR setzen zu lassen. Bei Beschlussfassungen des KBR, in denen es überwiegend um die Belange jugendlicher Beschäftigter und Auszubildender geht, haben alle Mitglieder der KJAV ein Stimmrecht.

XI. Wahl einer JAV

Die JAV wird von den Jugendlichen und Auszubildenden direkt in geheimer Wahl gewählt. Diese demokratische Legitimation stärkt die Position der JAV. Immerhin können die gewählten Mitglieder und Ersatzmitglieder damit einen Auftrag zur Vertretung der Interessen der Wahlberechtigten aufweisen. Die Wahlen selbst sind ein großer formaler Aufwand, bei der einige Wahlgrundsätze eingehalten werden müssen. Die formalen Grundlagen dafür sind im Betriebsverfassungsgesetz und in der Wahlordnung geregelt. Auch wenn einige Regelungen sehr formal wirken, dienen sie insgesamt der Sicherstellung von innerbetrieblichen, demokratischen Rechten.

100. In welchen Betrieben wird eine JAV gewählt?

In Betrieben, in denen ein Betriebsrat besteht und mindestens fünf Jugendliche (unter 18 Jahren) oder zu ihrer Berufsausbildung Beschäftigte beschäftigt werden, wird eine JAV gewählt (§ 60 Abs. 1 BetrVG). Der Begriff »die zu ihrer Berufsausbildung Beschäftigten« wird dabei weit gefasst. Hierunter fallen alle Maßnahmen, die innerhalb eines Betriebes berufliche Kenntnisse, Fertigkeiten, Fähigkeiten und Erfahrungen vermitteln. Außerdem ist ein Vertrag mit dem Ausbildenden erforderlich. Somit gehören hierzu nicht nur klassische Auszubildende, sondern auch Praktikanten, Volontäre, Umschüler, Teilnehmer an berufsvorbereitenden, betriebsinternen Ausbildungsmaßnahmen, dual Studierende usw. Es gehört zu den allgemeinen Aufgaben des Betriebsrats, die Wahl einer JAV vorzubereiten und einen Wahlvorstand für die konkrete Durchführung zu bestellen.

101. Wann bzw. wie häufig finden die Wahlen der JAV statt?

Die JAV wird in der Regel alle zwei Jahre in der Zeit vom 1. Oktober bis zum 30. November gewählt (§ 64 Abs. 1 Satz 1 BetrVG). In besonderen Fällen muss die JAV auch außerhalb dieser zwei Jahre neu gewählt werden (§ 64 Abs. 1 Satz 2 BetrVG i. V. m. § 13 Abs. 2 Nr. 2–6 BetrVG). Ein solcher Fall besteht, wenn

- die Gesamtzahl der JAV-Mitglieder wegen Ausscheidens von Mitgliedern nach Eintritt sämtlicher Ersatzmitglieder auf Dauer unter die vorgeschriebene Zahl gesunken ist;
- die JAV mit der Mehrheit ihrer Mitglieder ihren Rücktritt beschlossen hat;
- die JAV-Wahl mit Erfolg angefochten worden ist;
- die JAV durch eine gerichtliche Entscheidung aufgelöst worden ist;
- im Betrieb keine JAV besteht.

102. Wer ist wahlberechtigt für die JAV?

Wahlberechtigt für die JAV sind alle unter 18-Jährigen sowie diejenigen, die zu einer Berufsausbildung beschäftigt sind (§ 60 Abs. 1 BetrVG). Hierzu zählen unabhängig von ihrem Alter alle Auszubildenden, Praktikanten, Volontäre, Umschüler, Teilnehmer an berufsvorbereitenden, betriebsinternen Ausbildungsmaßnahmen, dual Studierende usw., sofern ein privatrechtlicher Vertrag mit dem Ausbildenden besteht.

103. Wer ist wählbar?

Wählbar sind alle Arbeitnehmer:innen des Betriebs, die das 25. Lebensjahr noch nicht vollendet haben oder die zu ihrer Berufsausbildung beschäftigt werden. Dies bedeutet also, dass auch Beschäftigte außerhalb der Berufsausbildung gewählt werden können, sofern sie noch nicht 25 Jahre alt sind und, dass bei Auszubildenden das Alter egal ist (§ 60 Abs. 2 BetrVG).

104. Welche Qualifikationen sollten die Kandidat:innen haben?

In erster Linie muss ein/e Kandidat:in den Willen haben, sich für die Belange der Jugendlichen und die zu ihrer Berufsausbildung Beschäftigten einzusetzen. Besondere Qualifikationen, die für die JAV-Arbeit erforderlich sind, können in speziellen Seminaren und Schulungen für die JAV auf Kosten des Arbeitgebers erlernt werden (§ 37 Abs. 6 BetrVG). Außerdem erlangt man über die praktische Arbeit in der JAV nach und nach wichtige Kenntnisse und Fähigkeiten.

105. Wer darf nicht gewählt werden?

Die JAV-Mitglieder dürfen nicht gleichzeitig gewählte Mitglieder des Betriebsrats sein (§ 60 Abs. 2 BetrVG). Sollte man lediglich ein Ersatzmitglied im Betriebsrat sein, so kann man zur JAV kandidieren. Jedoch würde derjenige sein JAV-Mandat verlieren, sofern er oder sie als Ersatzmitglied

in den Betriebsrat einmal (auch wenn nur vorübergehend) nachgerückt ist.
Nicht wählbar ist außerdem, wer infolge strafrechtlicher Verurteilung die Fähigkeit, Rechte aus öffentlichen Wahlen zu erlangen, nicht besitzt (§ 61 Abs. 2 Satz 2 i.V.m. § 8 Abs. 1 Satz 3 BetrVG).

106. Woher weiß ich, dass demnächst die JAV-Wahl stattfindet?

Nachdem der Betriebsrat den Wahlvorstand eingesetzt hat, bereitet der Wahlvorstand unverzüglich die Wahl zur JAV vor. Hierzu gehört u.a. der Aushang des Wahlausschreibens. Dieses Wahlausschreiben ist so auszuhängen, dass alle Jugendlichen und Auszubildenden sowie potenziellen Kandidat:innen hiervon Kenntnis nehmen können. Das Wahlausschreiben kann auch ausschließlich in digitaler Form bekanntgegeben werden, sofern sichergestellt wird, dass alle gerade genannten hierdurch erreicht werden.

107. Welche Inhalte hat das Wahlausschreiben?

Die Wahlordnung legt fest, welche Angaben im Wahlausschreiben enthalten sein müssen. Hierzu zählen unter anderen:

- Der Zeitpunkt und Ort der Wahl und der Stimmenauszählung;
- der Ort, wo die Wählerlisten und die Wahlordnung einzusehen sind und der Hinweis, dass nur wählen darf, wer sich auf der Wählerliste befindet;
- bis wann und unter welchen Voraussetzungen sich Kandidat:innen zur Wahl stellen können;
- unter welchen Umständen per Briefwahl gewählt werden kann;
- die Festlegung der Anzahl von zu wählenden JAV-Mitgliedern und des Minderheitengeschlechtes sofern eine mehrköpfige JAV gewählt wird.

108. Warum ist das Wahlausschreiben so wichtig?

Das Wahlausschreiben soll die Wähler:innen und Kandidat:innen über den Ablauf der Wahl informieren, sodass diese in die Lage versetzt werden, ihr aktives und passives Wahlrecht wahrzunehmen. Wegen dieser hohen Bedeutung können Fehler im Wahlausschreiben oftmals zur Anfechtbarkeit der Wahl führen.
Zudem beginnen ab der Bekanntgabe des Wahlausschreibens wichtige Fristen zu laufen. Z. B. können im normalen Wahlverfahren Vorschlagslisten, auf denen sich interessierte Kandidat:innen befinden, nur innerhalb von zwei Wochen nach Aushang des Wahlausschreibens eingereicht werden. Sollte diese Frist verpasst werden, ist eine nachträgliche Kandidatur i. d. R. nicht möglich (Ausnahme: Wenn innerhalb der zwei Wochen gar kein Vorschlag eingereicht wird, muss der Wahlvorstand eine Nachfrist von einer Woche gewähren).
Im vereinfachten Wahlverfahren müssen die Wahlvorschläge mindestens eine Woche vor dem Tag der Wahl eingereicht worden sein. Dieser Zeitpunkt ist ebenfalls im Wahlausschreiben festgelegt. Auch hier gilt, dass eine spätere Kandidatur für diese Wahl nicht möglich ist.

109. Wie groß ist das JAV-Gremium?

Die Größe der JAV richtet sich nach der Anzahl der regelmäßigen Wahlberechtigten und wird vom Wahlvorstand anhand der gesetzlichen Zahlenstaffel (§ 62 Abs. 1 BetrVG) wie folgt festgelegt:

Die Jugend- und Auszubildendenvertretung besteht in Betrieben mit in der Regel
5 bis 20 der in § 60 Abs. 1 genannten Arbeitnehmer aus einer Person,
21 bis 50 der in § 60 Abs. 1 genannten Arbeitnehmer aus 3 Mitgliedern,
51 bis 150 der in § 60 Abs. 1 genannten Arbeitnehmer aus 5 Mitgliedern,
151 bis 300 der in § 60 Abs. 1 genannten Arbeitnehmer aus 7 Mitgliedern,
301 bis 500 der in § 60 Abs. 1 genannten Arbeitnehmer aus 9 Mitgliedern,
501 bis 700 der in § 60 Abs. 1 genannten Arbeitnehmer aus 11 Mitgliedern,
701 bis 1000 der in § 60 Abs. 1 genannten Arbeitnehmer aus 13 Mitgliedern,
mehr als 1000 der in § 60 Abs. 1 genannten Arbeitnehmer aus 15 Mitgliedern.

Eine Ausnahme besteht, falls sich nicht genug Kandidaten und Kandidatinnen aufstellen lassen. Dann reduzieren sich die JAV-Mitglieder auf die Anzahl, die mit den Kandidat:innen besetzt werden können. Jedoch bleibt auch in diesem Fall die Anzahl der JAV-Mitglieder immer ungerade. Dies bedeutet beispielsweise, dass wenn die Anzahl der Wahlberechtigten eigentlich eine 5-köpfige JAV bedeuten würden, es sich aber nur vier Kandidat:innen aufstellen lassen, es in diesem Fall eine 3-köpfige JAV mit einem Ersatzmitglied geben würde.

110. Was bedeutet »in der Regel« in § 62 BetrVG?

In der Regel bedeutet, dass es für die Größe der JAV nicht auf die Anzahl der Wahlberechtigten zu einem konkreten Zeitpunkt ankommt, sondern die übliche Anzahl der Wahlberechtigten für die Größe der JAV entscheidend ist. Beispiel: Da zwei Auszubildende die vorzeitige Prüfung bestehen, sind zum Zeitpunkt der Einleitung der Wahl nur 19 Auszubildende im Betrieb. Die übliche, bzw. voraussichtliche Anzahl der Wahlberechtigten vor und nach der Wahl beträgt jedoch 21. Entsprechend wäre eine 3-köpfige JAV zu wählen.

111. Müssen bei der Wahl die Geschlechter berücksichtigt werden?

Bei der Wahl einer mehrköpfigen JAV ist das Minderheitengeschlecht zu berücksichtigen (§ 62 Abs. 3 BetrVG). Das bedeutet, dass das Geschlecht, das unter den Wahlberechtigten in der zahlenmäßigen Minderheit ist, mindestens Anspruch auf so viele Mitglieder hat, wie es im Verhältnis unter den Wahlberechtigten vertreten ist. Wie viele Sitze das im Einzelfall sind, berechnet der Wahlvorstand nach einem vorgegebenen Verfahren (§ 38 WO i. V. m. § 5 WO BetrVG). Sollten sich nicht genug Kandidaten bzw. Kandidatinnen des Minderheitengeschlechtes zur Wahl stellen, werden die somit nicht eingenommenen Sitze an das Mehrheitsgeschlecht vergeben.

112. Wie sollte die JAV zusammengesetzt sein?

Es sollen alle Beschäftigungsarten und Ausbildungsberufe in der JAV vertreten sein (§ 62 Abs. 2 BetrVG). Dies ist allerdings nicht zwingend. Da sich leider nicht immer aus allen Bereichen Kandidat:innen aufstellen lassen und zudem das Gremium durch eine geheime und unabhängige Wahl zusammengesetzt wird, handelt es sich nicht um eine Verpflichtung, sondern eher um eine gesetzliche Wunschvorstellung.

Praxistipp:
Auch wenn es keine zwingende Verpflichtung gibt, dass sich aus jedem Ausbildungsbereich Kandidaten und Kandidatinnen aufstellen lassen, hat es doch enorme Vorteile, wenn die unterschiedlichen Bereiche in der JAV vertreten sind. So wird sichergestellt, dass die Themen und Probleme aller Ausbildungsberufe in der JAV diskutiert werden und bei Bedarf an den Betriebsrat weitergeleitet werden. Mit diesem Argument lassen sich vielleicht auch die ein oder anderen unentschlossenen Kandidaten und Kandidatinnen überzeugen.

113. Welche Aufgaben hat der Wahlvorstand und wer bestimmt ihn?

Der Wahlvorstand führt die Wahl zur JAV durch. Er ist dafür verantwortlich, dass alle Regeln der Wahl aus dem BetrVG und der Wahlordnung eingehalten werden. Dazu gehört u. a. die Bekanntmachung der Wahl durch Wahlausschreiben, Möglichkeiten der Briefwahl, ordnungsgemäße Stimmzettel und Stimmabgabe, Festlegung der Größe der JAV Anhand der gesetzlichen Vorgaben und Zeitpunkt der Wahl. Der Wahlvorstand wird vom Betriebsrat benannt. Mindestens ein Mitglied des Wahlvorstands muss gemäß § 38 WO BetrVG 18 Jahre und seit mehr als sechs Monaten im Betrieb sein. Auch Wahlberechtigte und Kandidat:innen können Mitglied des Wahlvorstands sein.

114. Gibt es Schulungen für Wahlvorstände der JAV-Wahlen?

Die Wahlvorstandsmitglieder können und sollten sich schulen lassen. Es gibt bei den Wahlen zahlreiche Formalien zu beachten und die Wahlen sind zu schwierig und zu wichtig, um die Wirksamkeit der Wahl zu riskieren. Die erforderlichen Kosten für die erforderlichen Schulungen übernimmt der Arbeitgeber. Dies ergibt sich aus § 63 Abs. 2 i.V.m. § 20 Abs. 3 BetrVG, nach dem der Arbeitgeber die Kosten der Wahl zu tragen hat. Der Beschluss über die erforderliche Schulung erfolgt durch den Wahlvorstand selbst und nicht durch den Betriebsrat. Der Beschluss ist dem Arbeitgeber zuzuleiten. In der Regel erwarten die Anbieter der Schulung eine vorherige Kostenübernahmeerklärung des Arbeitgebers, die dem Beschluss beizufügen ist.

115. Welche Wahlverfahren gibt es und wann finden sie Anwendung?

Es gibt das sogenannte vereinfachte und das sogenannte normale Wahlverfahren. Das vereinfachte Wahlverfahren gilt bei bis zu 100 Wahlberechtigten zwingend und bei 101–200 Wahlberechtigten besteht die Möglichkeit das vereinfachte Wahlverfahren zwischen Arbeitgeber und Wahlvorstand zu vereinbaren (§ 63 Abs. 3 und 4 i.V.m. § 14a BetrVG). Ab 201 Wahlberechtigten ist das normale Wahlverfahren durchzuführen. Viele Jugend- und Auszubildendenvertretungen fallen entsprechend unter das vereinfachte Wahlverfahren, welches u.a. kürzere Fristen und eine zwingende Persönlichkeitswahl vorsieht. In dem schnelleren Ablauf liegt auch der wesentliche Hauptunterschied. Wenn für das normale Wahlverfahren ca. acht Wochen Zeitablauf zwischen Beginn und Ende der Wahl liegen, liegt die Dauer beim vereinfachten Wahlverfahren mit ca. vier Wochen gerade einmal bei der Hälfte. Von daher wäre es eigentlich passender von einem schnelleren als von einem einfacheren Wahlverfahren zu sprechen.

116. Wie kann ich für die Wahl der JAV kandidieren?

Die Wahl erfolgt über Wahlvorschläge, die beim Wahlvorstand frist- und formgerecht eingereicht werden müssen. Häufig wird im Betrieb gefragt, wer denn Interesse an einer Kandidatur hätte und dieser dann auf die Liste genommen. Es besteht aber auch die Möglichkeit eine eigene Liste einzureichen. Je nach Anzahl der Wahlberechtigten ist es erforderlich, eine vorgesehene Anzahl an Wahlberechtigten, die mit ihrer Unterschrift diese Kandidatur unterstützen (Stützunterschriften), nachzuweisen. Die Hürde hierfür ist nicht sehr hoch. So sind bei bis zu 20 Wahlberechtigten keine Stützunterschriften und bei 20–100 Wahlberechtigten nur zwei Stützunterschriften erforderlich. Bei mehr als 100 Wahlberechtigten sind es dann mindestens 5 % der Wahlberechtigten (ein Zwanzigstel).

117. Welche Auswirkungen hat es, wenn mehrere Listen für die JAV Wahl eingereicht werden?

Falls mehrere Wahlvorschläge eingereicht werden, sind die Auswirkungen zwischen den Wahlverfahren unterschiedlich. Im vereinfachten Wahlverfahren würde der Wahlvorstand alle Kandidat:innen der eingereichten Listen auf einen Stimmzettel in alphabetischer Reihenfolge zusammenfassen und die Wähler und Wählerinnen könnten dann ihre Favoriten persönlich wählen (Persönlichkeitswahl oder Mehrheitswahl).

Sollten bei dem normalen Wahlverfahren mehrere Listen beim Wahlvorstand frist- und formgerecht eingereicht werden, so werden die jeweiligen Listen zur Abstimmung gestellt und die Sitze in der JAV im Verhältnis nach den Stimmen für die Listen und der aufgestellten Reihenfolge verteilt (Verhältniswahl bzw. Listenwahl).

Praxistipp:
Auch bei größeren Jugend- und Auszubildendenvertretungen, bei denen das normale Wahlverfahren Anwendung findet, favorisieren die Jugendlichen und Auszubildenden oft die Persönlichkeitswahl, bei der sie sich ihre JAV im Einzelnen zusammenstellen können. Die reine Abstimmung über Listen, wird eher als anonym wahrgenommen. Deshalb sollte nach Möglichkeit in diesen Betrieben eine Listenwahl vermieden werden und stattdessen geschaut werden, ob nicht alle Interessierten gemeinsam auf einer einzigen Liste kandidieren. Dann gäbe es die Persönlichkeitswahl (auch Mehrheitswahl genannt) auch bei dem normalen Wahlverfahren.

118. Welchen Einfluss haben Arbeitgeber oder Ausbilder auf meine Kandidatur?

Ob sich jemand für die Wahl aufstellen lassen kann, hängt ausschließlich von der Wählbarkeit und dem Willen des Kandidaten/der Kandidatin ab. Ein Einverständnis des Arbeitgebers oder der Ausbilder ist nicht erforderlich. Einige Arbeitgeber oder Ausbilder versuchen potenzielle Kandidat:innen unter Druck zu setzen, um diese von der Kandidatur abzuhalten. Hier ist es wichtig zu wissen, dass eine Behinderung der Wahl sogar ein Straftatbestand nach § 119 BetrVG ist, der mit bis zu einem Jahr Gefängnis bestraft werden kann. Auch wenn diese Schwelle oft nicht erreicht wird, gibt es weitere Schutzmechanismen wie den Übernahme- und Kündigungsschutz, der eine Kandidatur auch gegen den Willen von Arbeitgeber oder Ausbilder absichert.

119. Ich habe bald ausgelernt, macht es dann noch Sinn mich für die JAV-Wahl aufstellen zu lassen?

Die Amtszeit einer JAV dauert zwei Jahre. Sollte man während dieser Zeit die Wählbarkeit verlieren, weil man z. B. die Ausbildung beendet und das 25. Lebensjahr vollendet hat, so bleibt das gewählte Mitglied bis zum Ende der Wahlperiode im Amt. Auch kann während dieser Amtszeit ein gewähltes Ersatzmitglied unabhängig vom Alter oder der Beendigung der Ausbildung noch in die JAV nachrücken. Oftmals ist es sogar vorteilhaft, wenn die JAV auch aus etwas erfahreneren Mitgliedern besteht, die die Ausbildung und den Betrieb schon besser kennen bzw. sogar selbst durchlaufen haben. Aus diesem Grund können auch bereits Ausgelernte ebenfalls für die JAV kandidieren, sofern sie das 25. Lebensjahr noch nicht vollendet haben. Damit einem Auszubildenden wegen der Kandidatur keine Nachteile entstehen, besteht zudem der Übernahmeschutz nach § 78a BetrVG. Eine Kandidatur kann also auch noch zum Ende der Ausbildung sinnvoll sein.

120. Benötigen Minderjährige das Einverständnis der Eltern, wenn sie für die JAV kandidieren möchten?

Das Einverständnis der Eltern bzw. der Erziehungsberechtigten ist für die Kandidatur für die JAV nicht erforderlich, da es sich nicht um ein Rechtsgeschäft handelt. Nur bei rechtsgeschäftlichen Handlungen, wie dem Abschluss des Ausbildungsvertrages oder dessen Kündigung ist ein Einverständnis der Erziehungsberechtigten erforderlich. Eine Kandidatur ist also ohne Zustimmung oder sogar gegen den Willen der Erziehungsberechtigten möglich.

121. Was ist, wenn ich nach der Wahl feststelle, dass die Tätigkeit in der JAV einfach nichts für mich ist?

Die Amtszeit einer JAV beträgt in der Regel zwei Jahre. Dies heißt aber nicht, dass man in diesen zwei Jahren auf jeden Fall dabei bleiben muss. Sollte man überraschend in dieser Zeit feststellen, dass die Tätigkeit in der JAV doch nicht das Richtige ist, kann man jederzeit den Rücktritt aus der JAV erklären. Dies sollte aus Beweisgründen schriftlich erfolgen. Erfahrungsgemäß geschieht dies jedoch eher selten, da die Tätigkeit in der JAV von vielen als positiv wahrgenommen wird. Sollte durch den Rücktritt die erforderliche Anzahl an Mitgliedern unterschritten sein und kein Ersatzmitglied mehr zur Verfügung stehen, so ist die JAV neu zu wählen. Bis die neue JAV gewählt worden ist, bleiben die verbliebenen Mitglieder im Amt und übernehmen weiterhin die Aufgaben der JAV.

122. Welche allgemeinen Grundsätze sind zu beachten?

Ein zentraler Grundsatz der Wahl ist die geheime Abstimmung. Hierfür werden im Wahllokal Möglichkeiten geschaffen, um unbeobachtet seinen Stimmzettel anzukreuzen. Um die Geheimhaltung zu gewährleisten, muss jeder Stimmzettel genau gleich aussehen. Um sicher zu stellen, dass wirklich alle Wahlberechtigten ihre Stimme abgeben können, besteht die Möglichkeit der Briefwahl. Man kann also seine Stimme auch abgeben, wenn man z. B. im Urlaub oder krank ist. Ein weiterer Grundsatz ist die »unmittelbare« Wahl. Dies bedeutet, dass die Wahlberechtigten die Mitglieder der JAV direkt wählen.

123. Wie ist die Rolle des Betriebsrats bei der JAV-Wahl?

Gemäß § 80 Abs. 1 Nr. 5 BetrVG hat der Betriebsrat die allgemeine Aufgabe die Wahl der Jugend- und Auszubildendenvertretung vorzubereiten und durchzuführen. Konkret bedeutet das, dass der Betriebsrat den Wahlvorstand einzusetzen hat und den Vorsitzenden des Wahlvorstands benennt (§ 63 Abs. 2 BetrVG). Hierbei ist zu beachten, dass dies so rechtzeitig erfolgt, dass keine JAV-freie Zeit entsteht. Für das normale Wahlverfahren sieht das BetrVG hierfür eine Frist von acht Wochen und für das vereinfachte Wahlverfahren eine Frist von vier Wochen vor.

124. Was ist, wenn der Betriebsrat den Wahlvorstand für die JAV-Wahl nicht einsetzt?

Sollte der Betriebsrat den Wahlvorstand entgegen seiner Verpflichtung nicht rechtzeitig vor der Wahl eingesetzt haben, so kann der Wahlvorstand sechs Wochen (normales Wahlverfahren) bzw. drei Wochen (vereinfachtes Wahlverfahren) vor Ende der Amtszeit auf Antrag der im Betrieb vertretenen Gewerkschaft oder von drei Wahlberechtigten (auch Jugendlichen) durch das Arbeitsgericht eingesetzt werden (§ 63 Abs. 3 BetrVG). Alternativ kann in diesem Fall auch ein Gesamt- oder Konzernbetriebsrat den Wahlvorstand einsetzen.

125. Was sind Gründe die Wahl der JAV anzufechten?

Die Wahl der JAV kann vom Arbeitgeber, der im Betrieb vertretenen Gewerkschaft oder drei Wahlberechtigten angefochten werden, wenn gegen wesentliche Wahlvorschriften verstoßen wurde und die Möglichkeit besteht, dass diese Verstöße das Ergebnis der Wahl beeinflussen könnten (§ 63 Abs. 2 Satz 2 i. V. m. § 19 BetrVG). Beispiele könnten Fehler bei der Wahlberechtigung oder im Wahlausschreiben, Nichteinhaltung der Wahltermine und Fristen oder falscher Umgang mit Wahlurne und Stimmzettel sein. Die Anfechtung muss innerhalb von zwei Wochen nach Bekanntgabe des Wahlergebnisses beim Arbeitsgericht eingereicht werden.

126. Was ist die sogenannte konstituierende Sitzung?

Die konstituierende Sitzung ist die erste Sitzung der neuen JAV. Der Wahlvorstandsvorsitz lädt zu dieser Sitzung ein und leitet sie, bis aus der Mitte der gewählten Mitglieder ein Wahlleiter gewählt wurde (§ 65 Abs. 2 i. V. m. § 29 Abs. 1 BetrVG). In dieser Sitzung wird der oder die neue Vorsitzende der JAV sowie deren Stellvertretung gewählt.

127. Kann die konstituierende Sitzung per Video- oder Telefonkonferenz stattfinden?

Nach § 66 Abs. 1 i. V. m. § 30 Abs. 2 BetrVG muss zuvor in einer Geschäftsordnung die Möglichkeit zur Sitzung per Video- oder Telefonkonferenz festgeschrieben sein. Da die Geschäftsordnung erst noch von dem jeweiligen Gremium beschlossen werden muss, ist nach BetrVG eine konstituierende Sitzung zwingend als Präsenzsitzung durchzuführen.

B. Zusammenarbeit mit dem Betriebsrat

Einführung

Da die JAV nicht eigenständig handeln kann, sondern die Mitbestimmungsrechte auch in den Belangen der Jugendlichen und Auszubildenden durch den Betriebsrat ausgeübt werden, ist die Zusammenarbeit mit dem Betriebsrat für die JAV ausgesprochen wichtig. Die Zusammenarbeit mit der JAV gehört für den Betriebsrat zu den Allgemeinen Aufgaben des § 80 Abs. 1 BetrVG. Tatsächlich kann die engagierte JAV für Betriebsräte eine enorme Hilfestellung in Ausbildungsangelegenheiten sein, da diese einfach näher an den Auszubildenden ist und Missstände in Ausbildungsangelegenheiten somit über die JAV an den Betriebsrat herangetragen werden. Zudem sind engagierte Jugend- und Auszubildendenvertreter häufig die engagierten Betriebsräte von Morgen. Betriebsrat und JAV sollten also ein gegenseitiges Interesse an einer guten Zusammenarbeit haben.

I. Teilnahme an BR-Sitzungen

Damit die JAV die Interessen der Auszubildenden auch im Betriebsrat vertreten kann, muss gewährleistet sein, dass sie an den Sitzungen des BR teilnimmt. Hier findet die Entscheidungsfindung und Positionierung des Betriebsrats, durch Abstimmungen, die sogenannten Beschlüsse statt. Ob die gesamte JAV oder nur ein Mitglied an der Sitzung teilnehmen kann oder alle JAV-Mitglieder vielleicht sogar ein Stimmrecht zu bestimmten Tagesordnungspunkten haben, ist von den Themen auf der Sitzung abhängig.

128. Welche Teilnahmerechte gibt es?

Die JAV ist berechtigt, mit mindestens einem Mitglied an den Sitzungen des Betriebsrats teilzunehmen (§ 67 Abs. 1 BetrVG). Hierbei handelt es sich um das allgemeine Teilnahmerecht der JAV. Dieses allgemeine Teilnahmerecht ist auf eine beratende Teilnahme beschränkt. Behandelt ein Tagesordnungspunkt in der BR-Sitzung hingegen Angelegenheiten, die besonders die Jugendlichen und Auszubildenden betreffen, hat die gesamte JAV ein sog. besonderes Teilnahmerecht (§ 67 Abs. 1 Satz 2 BetrVG). Das besondere Teilnahmerecht besteht nur für diese Tagesordnungspunkte. Das könnte z. B. bei Fragen rund um die Ausbildungsausgestaltung der Fall sein.

129. Wie entscheidet die JAV über die Entsendung?

Bei einem allgemeinen Teilnahmerecht ist die JAV berechtigt, aber nicht verpflichtet, ein Mitglied zur BR-Sitzung zu entsenden. Welches Mitglied entsendet werden soll, entscheidet die JAV durch Beschluss mit einfacher Stimmenmehrheit. Der Betriebsrat hat kein Mitspracherecht. Die JAV kann, aber sie muss nicht vor jeder BR-Sitzung erneut über die Entsendung entscheiden. Ein Mitglied kann auch auf Dauer für die Entsendung zu den BR-Sitzungen gewählt werden, wobei auch hier eine Abberufung durch Beschluss jederzeit möglich ist. Die JAV kann auch in einer Geschäftsordnung mit der Mehrheit der Stimmen der JAV-Mitglieder eine Reihenfolge für die Entsendung in den Betriebsrat festlegen.
Voraussetzung für die Entsendung ist, dass es sich um ein JAV-Mitglied handelt. Ersatzmitglieder können nur entsendet werden, wenn sie zu diesem Zeitpunkt nachgerückt sind.

130. Was bedeutet »besondere Betroffenheit«?

Das besondere Teilnahmerecht der gesamten JAV erfordert eine »besondere Betroffenheit« (§ 67 Abs. 1 Satz 2 BetrVG). Eine solche liegt vor, wenn es in einem Tagesordnungspunkt der BR-Sitzung inhaltlich um Themen von Jugendlichen und Auszubildenden geht, die diese besonders stark betreffen. Dies wäre z. B. bei Fragen rund um die betriebliche Berufsausbildung oder Einhaltung von Jugendarbeitsschutzvorschriften eindeutig der Fall. Eine Entscheidung in diesen Bereichen betrifft junge Beschäftigte immer in einem besonders hohen Maße. Es ist nicht nötig, dass das zu entscheidende Thema ausschließlich oder auch nur überwiegend junge Beschäftigte und Auszubildende betrifft. Es können auch andere Beschäftigte des Betriebs, vielleicht sogar mehrheitlich, von einer solchen Entscheidung betroffen sein. Im Einzelfall kann die genaue Abgrenzung Schwierigkeiten bereiten, weshalb viele Betriebsräte von vornherein die gesamte JAV einladen. So kann z. B. eine Erhöhung der Kantinenpreise (Auszubildende verdienen weniger) oder ein Betriebsurlaub außerhalb der Schulferien (Berufsschulpflicht läuft weiter) die Jugendlichen und Auszubildenden besonders stark betreffen, obwohl sie in der reinen Anzahl nicht mehrheitlich betroffen sind.

131. Muss der Betriebsrat die JAV zu seinen Sitzungen laden?

Der BR-Vorsitz hat die JAV zu jeder Sitzung des Betriebsrats rechtzeitig und unter Mitteilung der Tagesordnungspunkte zu laden (§ 29 Abs. 2 Satz 4 BetrVG). Die Einladung muss an den JAV-Vorsitz gerichtet sein. Ist ein JAV-Mitglied für die Entsendung bereits bestimmt und dem Betriebsrat bekannt, muss die Einladung direkt an das jeweilige JAV-Mitglied gesendet werden. Besteht für die JAV ein besonderes Teilnahmerecht an der BR-Sitzung, muss der BR-Vorsitz alle Mitglieder der JAV unter Angabe der Tagesordnung laden. Unterlässt der BR-Vorsitz die Ladung, so handelt es sich um einen Verstoß gegen das BetrVG, der zumindest im Wiederholungsfall zu einer Entfernung aus dem Amt führen kann. Zudem hat die JAV das Recht eine einwöchige Aussetzung der in der Sitzung gefassten Beschlüsse zu beantragen, sofern sie in dem Beschluss eine erhebliche Beeinträchtigung wichtiger Interessen sieht (§ 66 Abs. 1 BetrVG).

132. Kann die JAV einen Tagesordnungspunkt auf die BR-Sitzung setzen lassen?

Die JAV kann beim Betriebsrat beantragen, Angelegenheiten, die besonders die Jugendlichen und Auszubildenden betreffen und über die sie beraten hat, auf die nächste Tagesordnung zu setzen (§ 67 Abs. 3 BetrVG). Der Betriebsrat ist verpflichtet, die Angelegenheit auf der nächsten Sitzung zu beraten. Er muss diese dann nicht abschließend bearbeiten. Eine Bearbeitung kann z. B. auch durch einen Beschluss zur weiteren Bearbeitung durch einen Ausschuss des Betriebsrats erfolgen.

133. Wann besteht ein Stimmrecht der JAV?

Die JAV hat bei Abstimmungen zu Tagesordnungspunkten in der BR-Sitzung dann ein Stimmrecht (§ 60 Abs. 2 BetrVG), wenn »überwiegend« Belange von jungen Beschäftigten und Auszubildenden (§ 60 Abs. 1 BetrVG) betroffen sind. Die »überwiegende« Betroffenheit ist nicht mit der »besonderen« Betroffenheit gleichzusetzten. Für eine überwiegende Betroffenheit kommt es darauf an, ob das zu entscheidende Thema tatsächlich (zahlenmäßig) mehr Beschäftigte aus der Sphäre der JAV betrifft, als übrige Arbeitnehmer:innen. Das ist z. B. der Fall, wenn es um Beginn und Ende der täglichen Arbeitszeit von Jugendlichen und Auszubildenden oder um Freistellungsregelungen der JAV geht. Entscheidungen in diesen Bereichen betreffen übrige Arbeitnehmer:innen des Betriebs kaum. Ein solches Stimmrecht nach § 67 Abs. 2 BetrVG hat die JAV auch in den Ausschüssen. Ein unter Missachtung des Stimmrechts der JAV zustande gekommener Beschluss des Betriebsrats ist unwirksam.
Es ist umstritten, ob die JAV bei personellen Einzelmaßnahmen wie Einstellungen oder Kündigungen von Auszubildenden ein Stimmrecht besitzt. Hierzu gibt es noch keine höchstrichterliche Rechtsprechung.

> **Praxistipp:**
> Sollten sich JAV und Betriebsrat inhaltlich einig sein, kann in diesen Fällen der personellen Einzelmaßnahmen eine Abstimmung mit und eine Abstimmung ohne die JAV stattfinden. Hierbei wäre mindestens eine der beiden Abstimmungen gerichtssicher.

134. Hat die JAV ein Teilnahmerecht an Ausschüssen?

Aus § 67 Abs. 1 BetrVG ergibt sich, dass die JAV, genau wie an den BR-Sitzungen, auch an allen Betriebsausschüssen teilnehmen darf und ein Mitglied entsenden kann. Sind die Belange junger Beschäftigter »besonders« betroffen, haben gleichermaßen alle Mitglieder der JAV ein Teilnahmerecht an dem Betriebsausschuss. Für das Stimmrecht gilt gem. § 67 Abs. 2 BetrVG das gleiche wie bei BR-Sitzungen, jedoch mit einer Ausnahme: Bei überwiegender Betroffenheit dürfen zwar alle JAV-Mitglieder an dem Ausschuss teilnehmen, stimmberechtigt ist allerdings nur ein Teil der teilnehmenden JAV-Mitglieder. Die genaue Zahl der JAV-Stimmberechtigten ergibt sich aus dem Verhältnis der Mitglieder des Betriebsausschusses zu den BR-Mitgliedern. Wenn ein Betriebsrat bspw. aus 15 Mitgliedern besteht und fünf Mitglieder zu einem BR-Ausschuss gehören, stellt der Ausschuss 1/3 des Gremiums dar, das Verhältnis wäre somit 1/3. Dies wiederum bedeutet, dass auch nur 1/3 der teilnehmenden JAV-Mitglieder – bei einer dreiköpfigen JAV also einer, in diesem Betriebsausschuss stimmberechtigt wären.

135. Was ist das Antragsrecht?

Die JAV kann beim Betriebsrat beantragen, dass dieser Angelegenheiten, die besonders junge Beschäftigte und Auszubildende betreffen, auf die Tagesordnung für die nächste BR-Sitzung setzt (§ 67 Abs. 3 Satz 1 BetrVG). Das Antragsrecht besteht auch gegenüber den Ausschüssen. Die JAV muss das Thema allerdings bereits zuvor selbst in einer Sitzung beraten, jedoch nicht entschieden haben. Das Protokoll über die Beratung kann dem Betriebsrat zur Information weitergeleitet werden. Der Betriebsrat ist seinerseits verpflichtet, die beantragte Angelegenheit auf die Tagesordnung der nächsten BR-Sitzung zu setzen und dazu alle Mitglieder der JAV zu laden (§ 29 Abs. 2 Satz 3 BetrVG). Der Betriebsrat entscheidet dann in seiner nächsten Sitzung über den Antrag der JAV und kann anschließend z. B. mit dem Arbeitgeber über die beantragte Maßnahme verhandeln (ggf. unter Teilnahme der JAV), den Antrag der JAV zurückweisen oder einem Ausschuss zur weiteren Bearbeitung zu übertragen.

136. Welche Informationspflichten hat der Betriebsrat?

Damit die JAV die Interessen der von ihr repräsentierten Personengruppen sinnvoll vertreten kann, soll der Betriebsrat Angelegenheiten, die besonders junge Beschäftigte und Auszubildende betreffen, der JAV zur Beratung zuleiten (§ 67 Abs. 3 Satz 2 BetrVG). Die Informationsweiterleitung erfolgt durch den BR-Vorsitz bzw. dessen Stellvertretung. Ist ein Ausschuss für eine solche Angelegenheit zuständig, hat der Ausschuss-Vorsitz die Informationen an die JAV weiterzuleiten. Mit Erhalt der Informationen kann sich die JAV z. B. im Zuge der Vorbereitung auf die BR-Sitzung beraten und entsprechend vorbereiten. Der Betriebsrat darf die Vorbereitung auf die für die JAV relevanten Tagesordnungspunkte nicht ohne sachlichen Grund verhindern. Eine solche Verhinderung könnte, zumindest im Wiederholungsfall, eine grobe Amtspflichtverletzung des Betriebsrats darstellen.

II. Aussetzung von Betriebsratsbeschlüssen

Auch wenn die Zusammenarbeit zwischen Betriebsrat und JAV möglichst gut verlaufen sollte, kann es zu unterschiedlichen Auffassungen zu Themen kommen. Hierzu ein Beispiel: Die Auszubildenden sollen nach einem Antrag des Arbeitgebers zur Veränderung der Lage der Arbeitszeit gemäß § 87 Abs. 1 Nr. 2 BetrVG an einem Samstag arbeiten, um bei den anderen Arbeitskräften für eine Entlastung zu sorgen. Dafür sollen sie an einem anderen Tag in der Woche frei haben. Der Betriebsrat hat hier ein echtes Mitbestimmungsrecht und könnte die Samstagsarbeit der Auszubildenden verhindern. Allerdings ist der Betriebsrat wegen der erhofften Entlastung der anderen Kollegen für die Samstagsarbeit. Die JAV ist strikt dagegen und stimmt als einzige auf der Betriebsratssitzung gegen die Arbeit am Samstag. Da die Mehrheitsverhältnisse im Betriebsrat regelmäßig dazu führen, dass die JAV überstimmt werden würde, hat der Gesetzgeber der JAV mit dem Aussetzen von Beschlüssen eine weitere Einflussmöglichkeit an die Hand gegeben.

137. Was bedeutet das Recht der JAV, Betriebsratsbeschlüsse aussetzen zu lassen?

Die JAV kann einen Beschluss des Betriebsrats für die Dauer von einer Woche aussetzen lassen, wenn sie darin eine erhebliche Beeinträchtigung der Interessen der Jugendlichen und zu ihrer Berufsbildung Beschäftigten sieht (§ 66 Abs. 1 BetrVG).

138. Unter welchen Voraussetzungen ist ein solcher Antrag der JAV möglich?

Voraussetzung für den Antrag ist zum einen, dass die Mehrheit der JAV in der Sitzung des Betriebsrats nicht für den Beschluss gestimmt haben. Zudem muss es sich um eine Angelegenheiten handeln, die die Wahlberechtigten der JAV entweder besonders oder überwiegend trifft. Außerdem muss die absolute Mehrheit der JAV-Mitglieder für diesen Aussetzungsantrag stimmen.

139. Was ist die Folge eines solchen Beschlusses?

Der Betriebsrat darf den Beschluss eine Woche nicht umsetzen. Dies schließt auch die Weitergabe an den Arbeitgeber ein. In diesem Zeitraum sollen Betriebsrat und JAV eine einvernehmliche Lösung finden. Hierzu kann auch die im Betrieb vertretene Gewerkschaft eingebunden werden. Nach Ablauf dieser Verständigungsfrist ist über die Angelegenheit erneut zu beschließen. Sollte der erste Beschluss so bestätigt, bzw. nur geringfügig geändert werden, so ist eine weitere Aussetzung nicht möglich.

140. Gibt es Fälle, in denen ein Aussetzungsbeschluss »problematisch« sein kann?

Eine besondere Schwierigkeit ergibt sich, wenn der ausgesetzte Beschluss des Betriebsrats selbst einer gesetzlichen Anhörungsfrist von einer Woche oder drei Tagen unterliegt, wie dies bei Versetzungen, Einstellungen nach

§ 99 BetrVG und Kündigungen nach § 102 BetrVG der Fall ist und das Versäumen dieser Frist gesetzlich als Zustimmung gewertet werden kann. Der Aussetzungsbeschluss sorgt nicht für eine automatische Verlängerung der anderen Fristen. In diesen Fällen wird der Betriebsratsvorsitz den Arbeitgeber auf den Aussetzungsantrag der JAV hinweisen müssen. Dem Arbeitgeber wird es aufgrund der vertrauensvollen Zusammenarbeit regelmäßig zuzumuten sein, einer entsprechenden freiwilligen Fristverlängerung zuzustimmen. Etwas anderes kann gelten, wenn der Arbeitgeber selbst an bestimmte Fristen, wie die zweiwöchige Erklärungsfrist für außerordentliche Kündigungen, gebunden ist.

III. Wichtige Beteiligungsrechte des Betriebsrats bei der Ausbildung

Dem Betriebsrat stehen laut BetrVG unterschiedlich starke Rechte für die Durchsetzung der Interessen der Beschäftigten zur Verfügung. Wenn ein Betriebsrat diese Instrumente strategisch klug einsetzt, erhöht sich die Wahrscheinlichkeit viel für die Beschäftigten zu erreichen. Im Bereich der Ausbildung stehen dem Betriebsrat einige starke Beteiligungsrechte zur Verfügung, die zu einer Verbesserung der Berufsausbildung und der Ausbildungsverhältnisse führen können.

141. Welche unterschiedlichen Beteiligungsrechte hat der Betriebsrat in JAV-relevanten Themen?

Das Betriebsverfassungsrecht kennt für den Betriebsrat unterschiedlich starke Rechte, um die Interessen der Beschäftigten gegenüber dem Arbeitgeber zu schützen und durchzusetzen. Das stärkste Recht ist die erzwingbare Mitbestimmung, wie sie z. B. in der Mitbestimmung in sozialen Angelegenheiten (§ 87 BetrVG), bei der beruflichen Bildung (§ 98 Abs. 1 BetrVG) und bei Beurteilungssystemen (§ 94 BetrVG) verankert ist. Erkennbar ist die erzwingbare Mitbestimmung daran, dass hier die Einigungsstelle eine Entscheidung treffen kann. Dies gilt nur dort, wo im Gesetzestext ausdrücklich steht, dass der Spruch der Einigungsstelle die Einigung zwischen Arbeitgeber und Betriebsrat ersetzt.

Das Wort »mitbestimmen« wird auch in anderen Paragrafen genannt, obwohl die Rechte des Betriebsrats hier nicht so stark ausgeprägt sind. Für die JAV sind hier insbesondere die Einstellung oder Versetzung von Auszubildenden (§ 99 BetrVG), bei denen der Betriebsrat ein Recht darauf hat, die Zustimmung für eine Einstellung oder Versetzung innerhalb von einer Woche begründet zu verweigern, interessant. Leider besteht hierüber kein Initiativrecht die Einstellung von Auszubildenden zu erzwingen. Falls der Arbeitgeber an der Einstellung oder Versetzung festhalten möchte, obwohl der Betriebsrat die Zustimmung frist- und formgemäß verweigert hat, muss er einen Antrag beim Arbeitsgericht stellen, um sich die Zustimmung des Betriebsrats ersetzen zu lassen.
Ein hoffentlich selteneres aber dann besonders wichtiges Thema ist die Kündigung von Auszubildenden (§ 102 BetrVG) zu der der Betriebsrat vor jeder Arbeitgeberseitigen Kündigung anzuhören ist. Hier ist das Recht des Betriebsrats deutlich schwächer. Er kann die Kündigung durch einen Widerspruch oder Bedenken ablehnen, aber der Arbeitgeber darf die Kündigung trotzdem aussprechen.
Einen Sonderfall stellt die Beteiligung des Betriebsrats bei der Kündigung von JAV-Mitgliedern dar (§ 103 BetrVG). Bei ihr benötigt der Arbeitgeber die ausdrückliche Zustimmung des Betriebsrats oder die Ersetzung der Zustimmung durch das Arbeitsgericht.

142. Bei welchen für die JAV besonders relevanten Themen besteht erzwingbare Mitbestimmung?

Mehrere JAV relevante Themen unterliegen der erzwingbaren Mitbestimmung, bei denen die JAV entsprechend zu beteiligen ist. So sind z. B. die Arbeitszeiten und Urlaubsregelungen der Auszubildenden, wie auch die Ausgestaltung der mobilen Arbeit laut § 87 BetrVG mitbestimmungspflichtig. Aber auch in anderen Paragrafen des BetrVG, die für die JAV eine große Bedeutung haben, befinden sich Angelegenheiten der erzwingbaren Mitbestimmung. Hierzu gehört § 98 Abs. 1 BetrVG, nach dem der Betriebsrat ein Mitbestimmungsrecht bei der Durchführung der beruflichen Bildung hat. Das Mitbestimmungsrecht umfasst also das »wie« der Berufsausbildung. Unter diesen Begriff fällt auch der örtliche Ausbildungsplan, der auf Grundlage des Ausbildungsrahmenplans erstellt werden muss oder

die Frage, ob auch mobil ausgebildet wird. Sollte hierüber keine Einigung zwischen Betriebsrat und Arbeitgeber zustande kommen, so entscheidet die Einigungsstelle (§ 98 Abs. 4 BetrVG).
Auch bei den wichtigen Beurteilungsgrundsätzen für Auszubildende, also ob es ein Beurteilungssystem gibt, und welche Grundsätze hierüber angewandt werden (Häufigkeit, welche Personen, Ausgestaltung usw.) hat der Betriebsrat nach § 94 BetrVG ein erzwingbares Mitbestimmungsrecht. Da Beurteilungssysteme für Auszubildende besonders relevant sind, besteht in diesem Fall in Zusammenhang mit § 94 BetrVG auch ein Initiativrecht zur Einführung oder Veränderung von Beurteilungssystemen (Landesarbeitsgericht Köln 12.4.1983 – 6 TaBV 6/83).

143. Wie ist der Ablauf bei der Anhörung zu einer Kündigung eines Auszubildenden in der Probezeit?

Auch die Kündigung in der Probezeit ist eine Kündigung im Sinne von § 102 BetrVG. Somit ist der Betriebsrat vor Ausspruch der Kündigung anzuhören. Eine Kündigung ohne Anhörung des Betriebsrats ist unwirksam. Bei der Anführung der Gründe gegenüber dem Betriebsrat werden bei einer Kündigung innerhalb der Probezeit keine großen Anforderungen gestellt. Die Kündigung innerhalb der Probezeit muss bei Auszubildenden in den ersten vier Monaten seit Ausbildungsbeginn ausgesprochen worden sein. Innerhalb dieser vier Monate muss die Anhörung des Betriebsrats abgeschlossen worden sein. Die Anhörungsfrist, in der sich der Betriebsrat äußern kann, beträgt bei ordentlichen Kündigungen eine Woche, bei außerordentlichen maximal drei Tage. Wenn der Betriebsrat die Anhörung zur Kündigung eines Auszubildenden erhält, wird er in der Regel diese Anhörung als Tagesordnungspunkt auf die nächste Sitzung nehmen oder eine Sondersitzung einberufen. Zu dieser Sitzung bzw. zumindest zu diesem Tagesordnungspunkt sind auch alle Mitglieder der JAV einzuladen. Für verhinderte Mitglieder ist nach Möglichkeit ein Ersatzmitglied zu laden. In der Sitzung wird dann die Kündigung beraten und über die Positionierung abgestimmt. Der Betriebsrat kann sich gegen die Kündigung positionieren, also einen Widerspruch oder Bedenken formulieren. Die konkrete Formulierung des Widerspruchs oder der Bedenken kann auch noch nach der Sitzung erfolgen. Der Betriebsrat kann auch beschließen, sich nicht zu äußern. In der Praxis gibt es auch Fälle, in denen der Betriebsrat einer Kündigung ausdrücklich zustimmt, wobei diese Möglichkeit gesetzlich nicht ausdrücklich vorgesehen ist. Die Stellungnahme des Betriebsrats muss dem Arbeitgeber innerhalb der gesetzlichen Frist zugehen. Danach kann der Arbeitgeber die Kündigung aussprechen, selbst wenn der Betriebsrat Bedenken oder einen Widerspruch zur Kündigung geäußert hat. Er hat die Stellungnahme des Betriebsrats der Kündigung beizufügen.

Praxistipp:
Bei einer Kündigung innerhalb der Probezeit muss der Ausspruch der Kündigung innerhalb dieser Probezeit erfolgen. Hier kann es bei einer ordentlichen Kündigung unter Umständen entscheidend sein, dass der Betriebsrat seine Frist zur Stellungnahme von einer Woche tatsächlich ausschöpft, da erst danach der Ausspruch der Kündigung erfolgen darf.

144. Wie ist der Ablauf bei der Anhörung zu einer Kündigung eines Auszubildenden außerhalb der Probezeit?

Die Kündigung eines Auszubildenden außerhalb der Probezeit kann nur außerordentlich, also aus wichtigem Grund, erfolgen. Grundsätzlich hat der Betriebsrat hierzu maximal drei Tage Zeit, um Bedenken zu äußern. In der Regel wird der Betriebsrat diese Zeit benötigen, denn die außerordentliche Kündigung muss auf die Tagesordnung genommen werden, die Sitzung muss stattfinden und ggf. die Stellungnahme formuliert werden. Die Stellungnahme des Betriebsrats muss dem Arbeitgeber innerhalb der drei Tage zugehen. Danach kann der Arbeitgeber die Kündigung aussprechen, selbst wenn der Betriebsrat Bedenken zur Kündigung geäußert hat.

Praxistipp:
Eine außerordentliche Kündigung ist nur möglich, wenn der Arbeitgeber die Kündigung innerhalb von zwei Wochen, seitdem er vom Grund für die Kündigung (i. d. R. also dem Fehlverhalten) Kenntnis erlangt hat, ausspricht. Innerhalb von diesen zwei Wochen liegt die Anhörungsfrist des Betriebsrats. Es kann also auch bei außerordentlichen Kündigungen Sinn machen, die Drei-Tages-Frist voll zu nutzen, da dies im Einzelfall dafür sorgen kann, dass der Arbeitgeber, falls er spät dran ist, seine Kündigungserklärungsfrist nicht einhalten kann.

145. Darf die JAV bzw. der Betriebsrat mit dem Betroffenen über seine Anhörung zur Kündigung sprechen?

Der Gesetzestext sagt ausdrücklich, dass der Betriebsrat den Betroffenen anhören soll, sofern es für die Stellungnahme erforderlich ist. Dies ist für die Aufklärung der Situation auch angebracht. Durch die Anhörung erfährt der Betriebsrat ggf. Informationen, die sowohl für die Positionierung als auch für die Ausformulierung der Stellungnahme erforderlich sind. Der Betriebsrat und die JAV müssen sich jedoch bewusst sein, dass der Betroffene eventuell noch gar nichts von der anstehenden Kündigung weiß. Somit ist bei diesem Gespräch besondere Sensibilität gefragt. Deshalb muss sich der Betriebsrat und bei der Kündigung von Auszubildenden oder Jugendlichen die JAV gut überlegen, in welchem Rahmen das Gespräch stattfinden soll und wer es durchführt.

146. Was muss bei der Berechnung der Fristen beachtet werden?

In § 102 BetrVG sind zwei unterschiedliche Fristen festgelegt. Zum einen die Wochenfrist für eine ordentliche Kündigung, die bei Auszubildenden grundsätzlich nur innerhalb der Probezeit in Betracht kommt und die Drei-Tages-Frist für außerordentliche Kündigungen.
Die Berechnung der Wochenfrist ist ziemlich einfach: Der Betriebsrat bekommt die Anhörung zur Kündigung an einem Wochentag, z. B. am Montag. Dann hat er die Stellungnahme bis zur nächsten Woche Montag wieder abzugeben. Nur wenn das Ende der Frist auf einen Samstag, Sonntag oder Feiertag fällt, endet die Frist einen Werktag später (sofern dieser nicht auch wieder ein Samstag, Sonntag oder Feiertag ist). Wichtig ist, dass dies nur das Ende der Frist betrifft. Sollten innerhalb der Woche z. B. Feiertage liegen, verlängert das nicht das Ende der Frist.
Dieselbe Regel gilt auch bei der Drei-Tages-Frist bei außerordentlichen Kündigungen. In § 102 BetrVG steht drei Tage, nicht drei Arbeitstage. Das heißt, dass Tage vom Wochenende oder Feiertage voll mitzählen. Aber auch hier darf die Frist nicht an einem Samstag, Sonntag oder Feiertag enden, sondern verschiebt sich auf den nächsten Tag.

Da der Tag des Zugangs beim Betriebsrat nicht mitzählt, aber eine Frist am letzten Tag der Frist endet, bedeutet das in der Praxis folgendes:
Anhörung zur außerordentlichen Kündigung am

Montag:	Fristende Donnerstag
Dienstag:	Fristende Freitag
Mittwoch:	Fristende Montag
Donnerstag:	Fristende Montag
Freitag:	Fristende Montag,

sofern das Fristende kein Feiertag ist.

147. Wie ist der Ablauf bei der Anhörung des Betriebsrats bei Einstellung bzw. Versetzung von Auszubildenden?

Gemäß § 99 BetrVG ist der Betriebsrat vor jeder Einstellung, Versetzung, Ein- und Umgruppierung zu unterrichten. Der Arbeitgeber hat beim Betriebsrat einen Antrag auf Zustimmung für die personelle Einzelmaßnahme zu stellen. Hiermit beginnt für den Betriebsrat eine einwöchige Frist, in der er sich zu der Maßnahme äußern kann.
In der Regel wird dieser Tagesordnungspunkt für die nächste Betriebsratssitzung aufgenommen oder eine Sondersitzung einberufen. Bei dieser hat die gesamte JAV ein Teilnahmerecht. Für verhinderte Mitglieder sind nach Möglichkeit entsprechende Ersatzmitglieder zu laden. Der Antrag auf Zustimmung für die Einstellung oder Versetzung wird in der Sitzung beraten und eine Position abgestimmt. Die konkrete Formulierung der Zustimmungsverweigerung kann auch außerhalb Sitzung erfolgen. Sollte der Betriebsrat die Zustimmung verweigern, hat er dies unter Angabe der Gründe aus § 99 Abs. 2 BetrVG innerhalb der Wochenfrist schriftlich zu tun. Hier reicht es nicht aus, den Gesetzestext abzuschreiben, sondern der Betriebsrat muss konkrete Gründe darlegen, die ihn zur Verweigerung der Zustimmung bringen.
Sollte der Betriebsrat die Zustimmung frist- und formgemäß verweigert haben, hat der Arbeitgeber, die Möglichkeit, sich die Zustimmung vom Arbeitsgericht ersetzen zu lassen, wenn er trotz der Zustimmungsverweigerung an der Maßnahme festhalten möchte. Vor dem Arbeitsgericht wird

dann die ausformulierte Zustimmungsverweigerung überprüft. Sollte der Arbeitgeber die Maßnahme als besonders dringend ansehen, kann er die Maßnahme ggf. nach § 100 BetrVG für die Dauer des Gerichtsverfahrens vorläufig umsetzen.

> **Praxistipp:**
> In der Regel werden Betriebsrat und JAV keine Einwände gegen Einstellungen von Auszubildenden haben. Dies könnte ausnahmsweise der Fall sein, wenn z. B. die Einstellung gegen vorher vereinbarte Auswahlrichtlinien verstoßen würde. Versetzungen sind oft problematischer, da hier leichter Nachteile für die betroffenen Auszubildenden entstehen können. Diese Nachteile (z. B. verlängerte Fahrtzeit, höhere Fahrtkosten) sind in der Zustimmungsverweigerung möglichst konkret zu benennen.

148. Wann handelt es sich bei Auszubildenden um eine Versetzung?

Auszubildende werden während ihrer Ausbildung in unterschiedlichen Bereichen und Abteilungen ausgebildet. Die Zuweisung eines neuen Arbeitsbereiches, der aufgrund des Ausbildungsplans erfolgt, ist jeweils keine Versetzung. Dies gilt auch für planmäßige Ortswechsel, wenn sie üblich und zur Erreichung des Ausbildungsziels erforderlich sind.
Außerplanmäßige Wechsel, die z. B. zur personellen Unterstützung anderer Filialen durchgeführt werden, können Versetzungen nach § 95 Abs. 3 BetrVG sein. Sofern der Wechsel mit einer erheblichen Änderung der Umstände verbunden ist (z. B. weite Entfernung), kann eine Versetzung vorliegen, auch wenn sie nur wenige Tage andauern soll. Der Betriebsrat wäre entsprechend unter Einbindung der JAV vorher anzuhören.

149. Kann der Betriebsrat die Einstellung von Auszubildenden oder deren Übernahme über § 99 BetrVG durchsetzen?

Nach § 99 BetrVG ist der Betriebsrat in einer passiven Rolle. Der Arbeitgeber hört den Betriebsrat an, wenn er Auszubildende einstellen oder übernehmen möchte. Die Übernahme wäre dann nach BetrVG ebenfalls eine Einstellung. Wenn der Arbeitgeber aber keine Auszubildenden einstellen oder übernehmen möchte, gibt § 99 BetrVG dem Betriebsrat keine Handhabe, um dies gegen den Willen des Arbeitgebers durchzusetzen.

Praxistipp:
Der Betriebsrat kann andere Beteiligungsrechte nutzen, um den Arbeitgeber zu überzeugen, Auszubildende einzustellen oder zu übernehmen. In Betrieben, in denen viele Überstunden gemacht werden, könnte der Betriebsrat z. B. die Überstunden nach § 87 Abs. 1 Nr. 3 BetrVG begrenzen, damit stattdessen Auszubildende übernommen werden. Dies würde nicht nur den Auszubildenden helfen, sondern dient auch der Entlastung der anderen Beschäftigten. Da es durchaus auch Beschäftigte gibt, die gerne Überstunden ansammeln oder sich auszahlen lassen, ist auch hier wieder eine gute Kommunikation zwischen Betriebsrat und JAV mit den Beschäftigten erforderlich.

150. Wie ist der Ablauf, wenn die JAV Veränderungen im Ausbildungsplan oder bei den Beurteilungsgrundsätzen wünscht?

Sowohl beim Ausbildungsplan (§ 98 Abs. 1 BetrVG) als auch bei den Beurteilungsgrundsätzen (§ 94 i. V. m. § 98 Abs. 1 BetrVG) handelt es sich um Fälle der erzwingbaren Mitbestimmung. Zunächst einmal muss das Thema ausgiebig in der JAV besprochen werden. Hier kann es sinnvoll sein, den Betriebsratsvorsitzenden oder die für JAV-Angelegenheiten zuständigen BR-Mitglieder bereits einzubinden. Danach kann die JAV beantragen, das Thema auf die Tagesordnung der Betriebsratssitzung zu setzen. Auf der Betriebsratssitzung wird beschlossen, ob der Betriebsrat ebenfalls für die Änderungen ist. Die gesamte JAV hat hierbei ein Stimmrecht. Der/die Betriebsratsvorsitzende handelt im Rahmen des gefassten Beschlusses und informiert den Arbeitgeber hierüber. Dann beginnen die Gespräche und Verhandlungen zwischen Betriebsrat und Arbeitgeber, bei denen die JAV zu beteiligen ist. Sollten die Parteien zu einer Einigung kommen, wird dieses umgesetzt. Dies kann in Form einer Betriebsvereinbarung oder formlos als Regelungsabsprache/Regelungsabrede festgehalten werden. Der Abschluss einer Betriebsvereinbarung muss auf jeden Fall in einer Betriebsratssitzung beschlossen werden.

Sollte es zu keiner Einigung zwischen Arbeitgeber und Betriebsrat/JAV kommen, so könnten sowohl Arbeitgeber aber auch der Betriebsrat die Einigungsstelle anrufen, da es sich hierbei jeweils um Fälle der erzwingbaren Mitbestimmung handelt. In der Einigungsstelle würde weiter nach einem Kompromiss gesucht. Sollte es auch hier zu keiner Einigung kommen, so würde die Einigungsstelle entscheiden. Dieser Spruch der Einigungsstelle ist verbindlich umzusetzen.

151. Was ist die Einigungsstelle?

Kommt in einer Angelegenheit der erzwingbaren Mitbestimmung zwischen Arbeitgeber und Betriebsrat keine Einigung zustande, so kann jede der beiden Parteien die Einigungsstelle anrufen. Hierfür wird jemand Externes, häufig ein Arbeitsrichter oder eine Arbeitsrichterin zum Vorsitz berufen. Arbeitgeber und Betriebsrat entsenden dann jeweils die gleiche Anzahl Beisitzer in die Einigungsstelle. Auch die Mitglieder der JAV können als Beisitzer benannt werden. Der/die Vorsitzende der Einigungsstelle versucht eine gütliche Einigung. Erst wenn diese nicht erfolgt, wird durch Abstimmung in der Einigungsstelle entschieden, wobei der Vorsitz praktisch die ausschlaggebende Stimme besitzt. Dieser sogenannte Spruch der Einigungsstelle muss vom Arbeitgeber umgesetzt werden, selbst wenn er eine solche Regelung überhaupt nicht wollte.

Praxistipp:
Die Kosten der Einigungsstelle trägt der Arbeitgeber und die Kosten sind ziemlich hoch. Der Vorsitz erhält einen hohen Stunden- oder Tagessatz und in der Regel haben beide Betriebsparteien noch externe Beisitzer wie Rechtsanwälte, die jeweils selbst mindestens 70% des Vorsitzenden erhalten. So kann eine zweitägige Einigungsstelle schnell 15 000–20 000 Euro kosten. Dieser Faktor und die Tatsache, dass keine Partei sicher sein kann, was die Einigungsstelle am Ende entscheiden wird, kann für die Verhandlungen vor der Einigungsstelle ein gutes Argument gegenüber dem Arbeitgeber sein, damit er sich doch noch ein wenig in Richtung Forderung Betriebsrat/JAV bewegt.

152. Was ist ein Initiativrecht?

In Angelegenheiten, die der erzwingbaren Mitbestimmung des Betriebsrats unterliegen, kann der Betriebsrat von sich aus tätig werden und eigene Vorschläge zur betrieblichen Gestaltung einbringen oder Vereinbarungen diesbezüglich vom Arbeitgeber verlangen. Er muss nicht warten bis der Arbeitgeber von sich aus tätig wird. Ein Initiativrecht steht auch der JAV zu (§ 70 Abs. 1 Nr. 1 BetrVG). Die JAV kann Maßnahmen, die den Auszubildenden und jugendlichen Beschäftigten dienen, beim Betriebsrat beantragen und dieser versucht diese dann gegenüber dem Arbeitgeber durchzusetzen.

C. Besondere Themenfelder

Einführung

Auch abseits des BetrVG bestehen wichtige Regelungen, die für die Arbeit als JAV von großer Bedeutung sind. Die Überwachung ihrer Einhaltung gehört zu den Allgemeinen Aufgaben der JAV nach § 70 BetrVG.

I. Jugendarbeitsschutzgesetz

Bereits 1839 wurden in Deutschland die ersten rechtlichen Grundlagen zum Verbot von Kinderarbeit und zur Einschränkung der Arbeit von Jugendlichen geschaffen. Die Hintergründe waren nicht rein sozialer Natur, vielmehr ging es darum, dass die Armee, die durch Kinderarbeit Geschädigten nicht wie gewünscht im Kriegsdienst einsetzen konnten. Im Ergebnis haben diese Verbote wesentliche Verbesserungen für die Gesundheit von Kindern und Jugendliche gebracht. Diese Gesetze gelten als Vorläufer des heutigen Jugendarbeitsschutzgesetzes.

153. Für wen gilt das Jugendarbeitsschutzgesetz?

Das Jugendarbeitsschutzgesetz (JArbSchG) gilt für alle jungen Beschäftigten unter 18 Jahren, die in Deutschland in einem Beschäftigungsverhältnis arbeiten. Das Gesetz unterscheidet zwischen »Kindern« und »Jugendlichen«. Danach ist ein Kind, wer noch nicht 15 Jahre alt ist und ein Jugendlicher, wer über 15 Jahre aber noch nicht 18 Jahre alt ist (§ 2 JArbSchG). Vollzeitschulpflichtige Jugendliche unterfallen den Regelungen für Kinder.

Das Gesetz erfasst typischerweise bezahlte Beschäftigungen, also die Ausbildung, Ferienjobs oder Nebenjobs. Nicht darunter fallen gelegentliche, geringfügige Hilfeleistungen oder ehrenamtliche Tätigkeiten.

154. Was regelt das JArbSchG?

Das JArbSchG soll junge Beschäftigte, die sich noch in ihrer körperlichen und geistigen Entwicklung befinden und eine gewisse Unerfahrenheit mit sich bringen, vor den besonderen Gefahren des Arbeitslebens schützen und ihre Gesundheit bewahren. Junge Beschäftigte sind deshalb vor zu schweren, zu gefährlichen oder ungeeigneten Arbeiten besonders zu schützen. Für Kinder gilt ein Beschäftigungsverbot mit wenigen Ausnahmen. Für Jugendliche sieht das Gesetz eine Vielzahl von besonderen Regeln vor, wie bspw.

- Höchstgrenzen für die tägliche sowie wöchentliche Arbeitszeit,
- besondere Pausenzeiten,
- Verbote für besonders gefährliche Tätigkeiten,
- Ausbildungsbedingungen und Besuch der Berufsschule,
- Verbot von Mehrarbeit.

155. Welche Regelungen gelten für jugendliche Beschäftigte bei der Arbeitszeit?

Nicht mehr vollzeitschulpflichtige jugendliche Beschäftigte zwischen 15 und 17 Jahren dürfen nicht mehr als 8 Stunden pro Tag (ohne Pausenzeiten) und 40 Stunden pro Woche arbeiten (§§ 8, 15 JArbSchG). Ausnahmsweise darf die tägliche Arbeitszeit auf 8,5 Stunden erhöht werden, wenn dafür die Arbeitszeit an einem anderen Arbeitstag der Woche entsprechend reduziert wird. Berufsschulzeiten sowie Freistellungszeiten für Prüfungen werden auf die Arbeitszeit angerechnet. In der Landwirtschaft darf die tägliche Arbeitszeit für über 16-Jährige während der Erntezeit 9 Stunden und in der Doppelwoche 85 Stunden nicht überschreiten.

- Es gilt die 5-Tage-Woche. Samstags- und Sonntagsarbeit ist nur in bestimmten Bereichen möglich (§§ 16, 17 JArbSchG). Nach Ende der Ar-

beitszeit muss den jungen Beschäftigten mindestens 12 Stunden Freizeit bis zum nächsten Arbeitsbeginn gewährt werden (§ 13 JArbSchG).
- Ausnahmen können bei Notfällen (§ 21 JArbSchG) oder Aufgrund von Tarifverträgen (§ 21a JArbSchG) gelten.

156. Welche Mitspracherechte hat die JAV?

Die JAV überwacht, ob die Vorschriften zum Schutz von jugendlichen Beschäftigten im Betrieb eingehalten werden (§ 70 BetrVG). Werden die gesetzlichen Höchstgrenzen der Arbeitszeit überschritten und durch den Arbeitgeber nicht ausreichend sichergestellt, sollten sich jugendliche Beschäftigte und Auszubildende an die JAV wenden. Die JAV kann Mitbestimmungsrechte gegenüber dem Arbeitgeber zwar nicht direkt selbst geltend machen, jedoch kann sie über den Betriebsrat die Einhaltung der Schutzvorschriften einfordern und Anregungen zur Veränderung der Arbeits- und Pausenzeiten geben. Der Betriebsrat hat u. a. ein Mitbestimmungsrecht über Beginn und Ende der Arbeitszeit, die Verteilung der Arbeitszeit auf die einzelnen Wochentage oder die Dienstplangestaltung und die Lage der Pausen (§ 87 BetrVG).

157. Wie werden Berufsschulzeiten berücksichtigt?

Arbeitgeber müssen Auszubildende für den Berufsschulunterricht freistellen (§ 9 JArbSchG, § 15 BBiG). Die Zeit, die sie in der Berufsschule verbringen, wird jugendlichen Beschäftigten mit der durchschnittlichen täglichen bzw. bei Blockunterricht mit der durchschnittlichen wöchentlichen Arbeitszeit angerechnet. Haben Auszubildende an einem Tag pro Woche Unterricht mit mehr als fünf Stunden je 45 Minuten, sind sie für diesen Tag freizustellen. An diesem Tag dürfen Auszubildende nicht mehr im Betrieb tätig werden, auch wenn der Berufsschulunterricht z. B. am frühen Nachmittag endet. Denn für diesen Tag wird ihnen die durchschnittliche Arbeitszeit angerechnet, er gilt damit als voller Arbeitstag. Findet ein zweiter Berufsschultag in der Woche statt, wird für den zweiten Berufsschultag die Unterrichtszeit plus Pausenzeit als Arbeitszeit angerechnet. An einem zweiten Unterrichtstag in der Woche, kann es also vorkommen,

dass Auszubildende nach der Berufsschule nochmals zum Arbeiten in den Betrieb müssen.
Vor einem vor 9.00 Uhr beginnenden Unterricht, dürfen Auszubildende nicht im Betrieb beschäftigt werden.

158. Welche Regelungen gibt es im JArbSchG bezüglich der Arbeitszeit an Wochenenden oder Feiertagen?

An Wochenenden und Feiertagen besteht grundsätzlich ein Beschäftigungsverbot für jugendliche Beschäftigte (§§ 16, 17 JArbSchG). Aber auch hier gibt es wichtige Ausnahmen. In Betrieben wie Krankenhäusern, Bäckereien, Alten- und Pflegeeinrichtungen, im Gaststättengewerbe oder bei Kulturveranstaltungen ist die Wochenendarbeit erlaubt. Jugendliche müssen jedoch an mindestens zwei Samstagen im Monat frei haben und die 5-Tage-Woche muss eingehalten werden. Arbeiten sie an einem Sonntag, müssen zwei Sonntage im Monat beschäftigungsfrei bleiben. Das Gesetz empfiehlt außerdem, dass jeder zweite Sonntag im Monat frei bleiben sollte. Arbeiten junge Beschäftigte am Wochenende, muss ersatzweise ein anderer freier Tag in der Woche gewährt werden. Dies darf aber kein Berufsschultag sein, ein Betriebsruhetag hingegen wäre möglich.

159. Gelten besondere Bestimmungen bei Schichtarbeit und Nachtarbeit?

Jugendliche dürfen grundsätzlich nur zwischen 6.00–20.00 Uhr arbeiten (§ 14 JArbSchG). Ausnahmen bestehen für Jugendliche, die mindestens 16 Jahre alt sind. In Bäckereien/Konditoreien dürfen diese ab 5.00 Uhr arbeiten, in Bäckereien ab 4.00 Uhr, wenn sie mindestens 17 Jahre alt sind. In der Landwirtschaft dürfen über 16-jährige ab 5.00 Uhr oder bis 21.00 Uhr, im Gaststätten- und Schaustellergewerbe bis 22.00 Uhr und in mehrschichtigen Betrieben bis 23.00 Uhr beschäftigt werden. Außerdem dürfen sie bei Kulturveranstaltungen wie Musik oder Theateraufführrungen bis 23.00 Uhr gestaltend mitwirken. Die Schichtzeit, also die Arbeitszeit plus Pausen von Jugendlichen darf 10 Stunden (11 Stunden im Gaststättengewerbe, in der Landwirtschaft oder auf Bau-/Montagestellen) nicht überschreiten (§ 12 JArbSchG). Zwischen zwei Schichten müssen mindestens 12 Stunden Freizeit liegen (§ 13 JArbSchG).

160. Welche Regelungen gelten für Überstunden und wie werden diese abgegolten?

Überstunden sind grundsätzlich verboten. Ein Arbeitstag darf nicht länger als 8 Stunden dauern und pro Woche nicht mehr als 40 Stunden gearbeitet werden. Eine gewisse Flexibilität erlaubt das Gesetz allerdings. Möchten jugendliche Beschäftigte z. B. freitags früher in das Wochenende gehen, so kann von Montag bis Donnerstag in gewünschtem Umfang jeweils bis zu 8,5 Stunden pro Tag gearbeitet werden. Diese »Überstunden« können dann am Freitag eingelöst werden. Die Ausweitung auf 8,5 Stunden Arbeitstage ist ebenso möglich, wenn im Betrieb der Brückentag arbeitsfrei bleibt. In der Landwirtschaft dürfen über 16-jährige bis zu 9 Stunden täglich, jedoch nicht mehr als 85 Stunden in der Doppelwoche beschäftigt werden. Die Regelungen hierzu finden sich in § 8 JArbSchG. Im Übrigen muss im Ausbildungsvertrag festgelegt werden, wie mit Überstunden umgegangen wird, also ob sie vergütet werden oder ein Freizeitausgleich gewährt wird (§ 11 Abs. 1 Nr. 8 BBiG).

161. Wie wird mit Pausenzeiten umgegangen, gibt es festgelegte Ruhepausen während der Arbeitszeit?

Ab einer Arbeitszeit von mehr als 4,5 Stunden erhalten Jugendliche eine Pause von mindestens 30 Minuten, ab einer Arbeitszeit von 6 Stunden eine Pause von mindestens 60 Minuten. Die Pausenzeit kann in mehrere Arbeitsunterbrechungen aufgeteilt werden, aber sie muss jeweils mindestens 15 Minuten betragen. Die Ruhepausen müssen im Voraus festgelegt werden. Jugendliche dürfen frühestens eine Stunde nach Arbeitsbeginn und spätestens eine Stunde vor Arbeitsende in die Pause gehen. Die Pause hat grundsätzlich nicht am Arbeitsplatz zu erfolgen. Eine Pause in Arbeitsräumen zu verbringen ist nur ausnahmsweise dann möglich, wenn während der Pausenzeit alle Arbeiten in diesem Raum eingestellt werden und die Erholung der Jugendlichen gewährleistet ist (§ 8 JArbSchG).

162. Wie ist der Umgang mit kurzfristigen Änderungen der Arbeitszeit zu regeln?

Bei kurzfristigen Änderungen der Arbeitszeit z. B. wegen Krankheitsausfalls von Kolleg:innen, kann es zu ungewünschten Überschneidungen mit dem Privatleben kommen. Grundsätzlich hat der Arbeitgeber das Weisungsrecht über alle Beschäftigten. Der Betriebsrat hat jedoch ein Mitbestimmungsrecht bei Dienst- und Schichtplänen (§ 87 Abs. 1 Nr. 2 BetrVG). Sofern es keine andere betriebliche Regelung gibt, muss der Betriebsrat jeder Änderung zustimmen. Es kann sich deshalb anbieten, dass Arbeitgeber und Betriebsrat eine Betriebsvereinbarung erstellen. Darin kann festgelegt werden, wie viel Vorlauf eine Dienstplanänderung haben muss oder für welche Fälle der Betriebsrat einer Dienstplanänderung zustimmt. Hierbei muss die JAV eng mit dem Betriebsrat zusammenarbeiten, denn sie kennt die Bedürfnisse der jungen Beschäftigten am besten. Im Übrigen darf die Arbeitszeitänderung nicht zu einer Überschreitung der täglichen oder wöchentlichen Höchstarbeitszeit von Jugendlichen und Auszubildenden führen.

163. Welche Arbeiten dürfen Minderjährigen nicht übertragen werden?

Jugendliche dürfen nicht mit gefährlichen Arbeiten beauftragt werden (§ 22 JArbSchG). Dies sind

1. Arbeiten, die ihre physische oder psychische Leistungsfähigkeit übersteigen,
2. Arbeiten, bei denen sie sittlichen Gefahren ausgesetzt sind,
3. Arbeiten, die mit Unfallgefahren verbunden sind, von denen anzunehmen ist, dass Jugendliche sie wegen mangelnden Sicherheitsbewusstseins oder mangelnder Erfahrung nicht erkennen oder nicht abwenden können,
4. Arbeiten, bei denen ihre Gesundheit durch außergewöhnliche Hitze oder Kälte oder starke Nässe gefährdet wird,
5. Arbeiten, bei denen sie schädlichen Einwirkungen von Lärm, Erschütterungen oder Strahlen ausgesetzt sind,

6. Arbeiten, bei denen sie schädlichen Einwirkungen von Gefahrstoffen im Sinne der Gefahrstoffverordnung ausgesetzt sind,
7. Arbeiten, bei denen sie schädlichen Einwirkungen von biologischen Arbeitsstoffen im Sinne der Biostoffverordnung ausgesetzt sind.

Die jeweiligen Verbote nach Nr. 3 bis 7 gelten nicht für die Beschäftigung Jugendlicher, soweit

1. dies zur Erreichung ihres Ausbildungsziels erforderlich ist,
2. ihr Schutz durch die Aufsicht eines Fachkundigen gewährleistet ist und
3. der Luftgrenzwert bei gefährlichen Stoffen (Abs. 1 Nr. 6) unterschritten wird.

164. Wann werden die körperlichen oder geistigen Leistungsfähigkeiten von Jugendlichen im Sinne der gefährlichen Arbeiten überschritten?

Hierbei geht es nicht um eine durchschnittliche oder übliche Leistungsfähigkeit, sondern um die individuelle Leistungsfähigkeit des Jugendlichen. Das Überschreiten dieser Leistungsfähigkeit kann z. B. mit schwerem Heben oder Tragen verbunden sein oder mit zu hoher Verantwortung und damit verbundenem Stress. Hierzu können auch Arbeiten in einer anstrengenden Körperhaltung oder einer hohen dauerhaften Belastung zählen. Der Arbeitgeber hat dies im Einzelfall zu prüfen. Es handelt sich also um eine objektive Prüfpflicht des Arbeitgebers und nicht um eine eigene Einschätzung des Jugendlichen. Die eigene Einschätzung des Jugendlichen kann nur als ein Indiz herangezogen werden. Die Jugend- und Auszubildendenvertretung hat die Einhaltung der Vorschrift zu überwachen und Beschwerden der Jugendlichen aufzunehmen.

II. Kündigungsschutz für Auszubildende, JAV-Mitglieder und Ersatzmitglieder

165. Was gilt bei Kündigung in der Probezeit bei Auszubildenden?

Der Ausbildende kann den Auszubildenden innerhalb der Probezeit ohne Angaben von Gründen und ohne Einhaltung einer Kündigungsfrist kündigen (§ 22 Abs. 1 BBiG). Die Probezeit beträgt mindestens einen und höchstens vier Monate (§ 20 BBiG). Die Probezeitkündigung muss innerhalb dieses Zeitraums schriftlich ausgesprochen werden. Bei Minderjährigen ist die Kündigung an die Erziehungsberechtigten zu richten. Die Probezeit dient dazu, gegenseitig zu überprüfen, ob das Ausbildungsverhältnis funktioniert. Da dies für beide Vertragsseiten gilt, kann natürlich auch der Auszubildende eine Probezeitkündigung aussprechen. Auch hier ist zu beachten, dass diese bei Minderjährigen von den Erziehungsberechtigten ausgesprochen werden muss.

166. Unter welchen Umständen kann Auszubildenden auch nach der Probezeit gekündigt werden?

Nach Beendigung der Probezeit können Auszubildende nur aus »wichtigem« Grund ohne Einhaltung einer Kündigungsfrist gekündigt werden. Die Hürden dafür sind hoch. Kündigungsgründe könnten einzelne Anlässe wie z. B. Diebstahl, körperliche Auseinandersetzung, rassistische oder sexistische Äußerungen sein. Möglich sind auch Kündigungen wegen mehrfachen erheblichen Fehlverhaltens, wenn trotz Abmahnung keine Besserung erfolgt. Beispiele hierfür könnte die permanente Verweigerung zum Besuch der Berufsschule, ständiges Zuspätkommen oder mehrfaches unentschuldigtes Nichterscheinen am Ausbildungsplatz sein. Generell gilt, dass je näher der/die Auszubildende am Ausbildungsende ist, desto eher ist es dem Ausbildenden zuzumuten, Auszubildende bis zum Ausbildungsende zu beschäftigen.

Die Kündigung muss innerhalb von zwei Wochen nach Kenntnis des Fehlverhaltens unter Angabe der Gründe erfolgen (§ 22 Abs. 4 BBiG).

167. Kann Auszubildenden auch während einer Arbeitsunfähigkeit gekündigt werden?

Entgegen eines sehr weit verbreiteten Irrglaubens, kann der Ausbildende Auszubildenden auch während einer vorhandenen Arbeitsunfähigkeit kündigen. Die Arbeitsunfähigkeit schützt also nicht vor einer Kündigung.

168. Kann Auszubildenden nach der Probezeit wegen häufiger Arbeitsunfähigkeit gekündigt werden?

In der Regel sind krankheitsbedingte Kündigungen während des Ausbildungsverhältnisses nach der Probezeit nicht möglich. Ausnahmen bestehen in den Fällen, wo das Ausbildungsverhältnis wegen dauerhafter Arbeitsunfähigkeit seinen Sinn verliert. Beispiele hierfür könnten dauerhafte Allergien sein, die zur Nichteignung für diesen Ausbildungsberuf führen. In einem weiteren Fall aus der Rechtsprechung war ein Auszubildender bereits 18 Monate am Stück arbeitsunfähig und eine Genesung nicht absehbar. Auch in diesem Fall wurde die krankheitsbedingte Kündigung eines Auszubildenden nach der Probezeit ausnahmsweise als wirksam erachtet.

169. Kann Auszubildenden nach der Probezeit betriebsbedingt gekündigt werden?

Die betriebsbedingte Kündigung von Auszubildenden nach der Probezeit unterliegt ebenfalls hohen Anforderungen. Diese wäre z. B. bei einer vollständigen Betriebsschließung möglich, da dort keinerlei Ausbildung im Betrieb mehr möglich ist. Bei einer Stilllegung von Betriebsteilen oder einer Betriebseinschränkung wird es in der Regel möglich sein, die Ausbildung in anderen Bereichen des Betriebs weiterzuführen. Sollten einzelne Teilbereiche der vorgesehenen Ausbildung weggefallen sein, müsste zunächst geprüft werden, ob die notwendigen Kenntnisse in anderen Ausbildungsstätten vermittelt werden können (vgl. § 27 Abs. 2 BBiG).

Sollte der vollständige Betrieb über einen Betriebsübergang nach § 613a BGB verkauft werden, so liegt in dem Betriebsübergang kein Kündigungsgrund, da der Erwerber mit allen Rechten und Pflichten nicht nur die Arbeitsverhältnisse, sondern auch die Ausbildungsverhältnisse übernimmt. Sollte es sich um einen Teilbetriebsübergang handeln, gilt das o.g. In diesen Fällen müsste man überlegen, ob hier ein Widerspruch zum Übergang sinnvoll sein könnte. Zudem ist ein Teilbetriebsübergang auch regelmäßig eine Betriebsänderung (§ 111 Satz 3 Nr. 3 2. Alt. BetrVG), sodass der Betriebsrat in den Verhandlungen zu dem Interessenausgleich und Sozialplan (§ 112 BetrVG) die Zukunft der Ausbildung und die Auszubildenden schützen sollte.

170. Können Auszubildende außerhalb der Probezeit selbst kündigen?

Ja, mit einer Kündigungsfrist von vier Wochen können Auszubildende ordentlich kündigen, wenn sie die Berufsausbildung aufgeben oder sich für eine andere Berufstätigkeit ausbilden lassen wollen. (§ 33 Abs. 2 Nr. 2 BBiG). Die Kündigung muss schriftlich und unter Angabe der Gründe erfolgen (§ 22 Abs. 3 BBiG).
Auch Auszubildenden steht die Möglichkeit zur Kündigung aus wichtigem Grund zu. Wichtige Gründe können z.B. die mehrmalige Nichtzahlung der Ausbildungsvergütung nach vorheriger Abmahnung, die Anwendung von Gewalt gegenüber dem Auszubildenden, sexuelle Belästigung, rassistische oder fremdenfeindliche Äußerungen sein. In diesen Fällen muss die Kündigung innerhalb von zwei Wochen nach Kenntnis des Auszubildenden erfolgen. Zusätzlich kann der/die Auszubildende in diesen Fällen Anspruch auf Schadensersatz besitzen und innerhalb von drei Monaten geltend machen (§ 23 BBiG).

171. Wie kann ein Mitglied der JAV gekündigt werden?

Mitglieder der JAV haben wie Betriebsratsmitglieder einen doppelten Kündigungsschutz. Zum einen sind sie nur außerordentlich, also aus wichtigem Grund, kündbar (§ 15 Abs. 1 Satz 1 KSchG). Zudem benötigt

der Arbeitgeber die ausdrückliche Zustimmung des Betriebsrats oder die rechtskräftige Ersetzung der Zustimmung durch das Arbeitsgericht (§ 103 BetrVG). Der besondere Kündigungsschutz greift auch schon während der Probezeit. Sollte der Betriebsrat unter Beteiligung der JAV die Kündigung ablehnen oder auch gar nichts sagen, müsste der Arbeitgeber, sofern er an der Kündigung festhalten möchte, die Ersetzung der Zustimmung beim Arbeitsgericht beantragen. Erst wenn dann ein Gericht (i. d. R. das Landesarbeitsgericht) rechtskräftig entschieden hat, dass die Kündigung berechtigt ist und die Zustimmung des Betriebsrats ersetzt, kann die Kündigung überreicht werden. Bis zu diesem Zeitpunkt wird das JAV-Mitglied weiterbeschäftigt oder zumindest unter Fortzahlung der Bezüge freigestellt.
Gründe für eine außerordentliche Kündigung können z. B. Diebstahl, Unterschlagung oder körperliche Auseinandersetzung sein, wobei dies jeweils eine Frage des Einzelfalls ist.
Wichtig ist, dass Verstöße gegen das BetrVG in der Regel nicht das Arbeitsverhältnis und damit die Kündigung betreffen, sondern im Schwerpunkt die JAV-Tätigkeit, sodass eine Entfernung aus dem Amt und keine Kündigung in Frage kommt (§ 23 Abs. 1 BetrVG).

172. Wie kann ein Ersatzmitglied der JAV gekündigt werden?

Ersatzmitglieder der JAV (und des Betriebsrats) besitzen einen besonderen Kündigungsschutz, sofern sie innerhalb des letzten Jahres vor Ausspruch der Kündigung JAV-Tätigkeiten, wie z. B. die Teilnahme an einer JAV/BR-Sitzung wahrgenommen haben (§ 15 Abs. 1 Satz 2 KSchG). Hierbei handelt es sich um den nachwirkenden Kündigungsschutz, der das JAV-Mitglied, bzw. das Ersatzmitglied auch noch nach Wahrnehmung der Aufgaben vor Anfeindungen des Arbeitgebers schützen soll.
Da der nachwirkende Kündigungsschutz nach § 15 Abs. 1 Satz 2 KSchG allerdings keinen Verweis auf § 103 BetrVG beinhaltet, ist eine Zustimmung des Betriebsrats bzw. eine Ersetzung durch das Arbeitsgericht nicht erforderlich. Der Betriebsrat wird nach § 102 BetrVG zu einer außerordentlichen Kündigung angehört und der Arbeitgeber kann trotz Bedenken oder Schweigen die Kündigung aussprechen. Falls ein Ersatzmitglied zum Zeitpunkt des Zugangs der Kündigung nachgerückt ist, ist eine Zustimmung

nach § 103 BetrVG erforderlich. Während des Zeitraums des Nachrückens bestehen alle Rechte und Pflichten der ordentlichen Mitglieder. Entscheidend ist, welchen Status das Ersatzmitglied/Mitglied zum Zeitpunkt des Ausspruchs der Kündigung hat.
Dasselbe gilt für Wahlbewerber, die nicht zu Mitgliedern der JAV gewählt wurden, innerhalb von sechs Monaten nach Bekanntgabe des Wahlergebnisses.

III. Mobiles Arbeiten

Das Arbeitsleben unterliegt einer stetigen Veränderung. Dies hat natürlich auch Auswirkung auf die Ausbildung und damit die Arbeit der JAV. In den letzten Jahren erhielten viele Beschäftigte die Möglichkeit ihre Arbeitsleistung nicht im Betrieb selbst, sondern an anderen Orten (mobile Arbeit), z. B. zu Hause zu erbringen. Diese Entwicklung wäre vor einigen Jahren noch unvorstellbar gewesen. Heute wird die Möglichkeit der mobilen Arbeit von vielen als Selbstverständlichkeit angesehen. Auch wenn das sicher von Beruf zu Beruf sehr unterschiedlich ist, besteht die Möglichkeit der mobilen Arbeit auch in der Ausbildung. Durch die Veränderung des § 28 Abs. 2 BBiG wurde erstmals gesetzlich die Möglichkeit der digitalen, also mobilen Ausbildung festgeschrieben. Gemäß § 14 Abs. 1 Nr. 3 BBiG hat der Arbeitgeber ausdrücklich die erforderliche Hard- und Software zur Verfügung zu stellen.

173. Was ist mobile Arbeit?

Die technischen Hilfsmittel der heutigen Zeit ermöglichen es vielen Beschäftigten, von überall aus zu arbeiten. Für gewisse Tätigkeiten ist es nicht mehr zwingend nötig, im Betrieb anwesend zu sein. Dadurch können sich Beschäftigte unnötige Arbeitswege sparen, sind zeitlich flexibler in der Gestaltung ihres Tagesablaufs und können Beruf und Privatleben besser miteinander vereinbaren. Vor allem das Homeoffice, also das Arbeiten von zu Hause, stellt sich für viele Tätigkeiten als eine gute Alternative dar. Doch auch für die mobile Arbeit gelten die gesetzlichen Arbeitsschutzvorschriften sowie betriebsinterne Regelungen.

174. Wann liegt eine mobile Ausbildung vor?

Eine mobile Ausbildung liegt vor, wenn ein Teil der Ausbildung in mobiler Arbeit erledigt werden kann. Das bedeutet, die klassischen Ausbildungsorte Betrieb und Berufsschule werden bspw. durch Homeoffice ergänzt. Die Ausbildungsinhalte werden wie bei der Ausbildung vor Ort vermittelt, z. B. durch Videokonferenzen und anderweitige Lernplattformen. Dies hat der Arbeitgeber sicherzustellen. Der Arbeitgeber muss jederzeit für die Auszubildenden erreichbar sein und ist verpflichtet, ihnen die nötigen Arbeitsmittel für das mobile Arbeiten (Laptop, Mobiltelefon usw.) bereitzustellen. Zudem erfordert die mobile Ausbildung entsprechende technische und methodische Kompetenzen der Ausbildenden.

175. Ist mobile Ausbildung immer möglich?

Nein. Ob und inwieweit eine mobile Ausbildung überhaupt möglich ist, hängt vom jeweiligen Ausbildungsberuf und der dafür maßgeblichen Ausbildungsordnung ab. Der Arbeitgeber hat die Auszubildenden grundsätzlich im Betrieb auszubilden und ist dafür verantwortlich, den wesentlichen Umfang der Ausbildungsinhalte zu vermitteln (§ 28 Abs. 2 BBiG). Eine Ausnahme kann nur gemacht werden, wenn Ausbildungsinhalte digital vermittelbar sind (z. B. durch Videokonferenzen, Online-Lernplattformen) und eine unmittelbare (virtuelle) Begleitung der Auszubildenden sichergestellt werden kann. Bei vielen Handwerksberufen bspw. wird eine mobile Ausbildung daher nur schwer umsetzbar sein, da viele Lerninhalte wegen der technischen und maschinellen Vorrichtungen nur im Betrieb vermittelt werden können.

Der Betriebsrat hat ein Mitbestimmungsrecht bei der Ausgestaltung mobiler Arbeit (§ 87 Abs. 1 Nr. 14 BetrVG). Da der Betriebsrat aber zugleich ein erzwingbares Mitbestimmungsrecht bei der Durchführung der Berufsausbildung (§ 98 Abs. 1 BetrVG), also dem »wie« der Berufsausbildung hat, besteht in der mobilen Ausbildung auch ein Initiativrecht über die Einführung mobiler Ausbildung. Wenn es sich um Belange von Auszubildenden handelt, hat die JAV die entsprechenden Teilnahme- und Abstimmungsrechte, z. B. bei der Ausgestaltung betrieblicher Online-Lernplattformen.

176. Welche Voraussetzungen sieht das Berufsbildungsgesetz für die digitale, mobile Ausbildung vor?

Durch die Neufassung des Berufsbildungsgesetzes hat der Gesetzgeber in § 28 Abs. 2 BBiG die Voraussetzungen für eine digitale Ausbildung wie folgt konkretisiert:
Eine unmittelbare Vermittlung der Ausbildungsinhalte ist in angemessenem Umfang auch als digitales mobiles Ausbilden ohne gleichzeitige Anwesenheit der Auszubildenden und ihrer Ausbilder oder Ausbilderinnen am gleichen Ort möglich, wenn

1. für die Vermittlung Informationstechnik eingesetzt wird,
2. die Ausbildungsinhalte und die Orte, an denen sich die Auszubildenden und ihre Ausbilder oder Ausbilderinnen jeweils aufhalten, für die Vermittlung von Ausbildungsinhalten auf Distanz geeignet sind und
3. die Qualität der Vermittlung derjenigen bei gleichzeitiger Anwesenheit der Auszubildenden und ihrer Ausbilder oder Ausbilderinnen am gleichen Ort gleichwertig ist; dies ist insbesondere der Fall, wenn der Ausbilder oder die Ausbilderin jederzeit zu den betriebsüblichen Zeiten für den Auszubildenden oder die Auszubildende erreichbar ist, den Lernprozess steuert und begleitet sowie die Lernfortschritte kontrolliert.

177. Was sollte bei der Umsetzung mobiler Ausbildung beachtet werden?

Um den gesetzlichen Anforderungen des Berufsbildungsgesetzes (BBiG) gerecht zu werden, müssen klare betriebliche Regeln für die mobile Ausbildung aufgestellt werden. Es muss jederzeit die Betreuung und die Überwachung des Lernfortschritts der Auszubildenden durch den Arbeitgeber gewährleistet sein. Zwischen Ausbilder:in und Auszubildenden besteht im besten Fall ein täglicher Kontakt und eine engmaschige Feedback-Kultur. Zudem muss sichergestellt werden, dass die Ausbilder:innen die technischen und methodischen Fähigkeiten besitzen, um die Lerninhalte online vermitteln zu können. Sollte der Arbeitgeber die Ausbilder:innen nicht im erforderlichen Umfang qualifizieren, besteht ggf. ein Initiativrecht des Betriebsrats auf Einführung entsprechender Schulungen (§ 97 Abs. 2 BetrVG). So kann sichergestellt werden, dass Auszubildende die Lerninhalte rechtzeitig und gut verstehen. Die Ausbildungs- und Lernfortschritte zu dokumentieren, kann dafür hilfreich sein. Vor allem um den sozialen Aspekt einer Ausbildung (Kontakt zu Mitauszubildenden, Lernen in der Gemeinschaft usw.), aber auch aller regulär Beschäftigten in mobiler Arbeit nicht aus den Augen zu verlieren, kann es sinnvoll sein, eine hybride Lösung anzustreben, bei der eine regelmäßige Anwesenheit im Betrieb vor Ort festgelegt wird. Zur Förderung des sozialen Austauschs bietet es sich gleichermaßen an, Onlineveranstaltungen wie Gruppentreffs fest zu etablieren.

178. Wer ist für die Bereitstellung der Arbeitsmittel zuständig?

Der Arbeitgeber muss den Beschäftigten in mobiler Arbeit/mobiler Ausbildung die für die Arbeitsleistung erforderlichen Arbeitsmittel wie z. B. Laptops, Mobiltelefone usw. zur Verfügung stellen (§ 14 Abs. 1 Nr. 3 BBiG).

179. Wer ist für die Arbeitsmittel für die Berufsschule verantwortlich?

Der Arbeitgeber ist nicht verpflichtet, den Auszubildenden Laptops oder anderweitige Lernmaterialien für die Online-Ausbildung in der Berufsschule zur Verfügung zu stellen. Die technischen Voraussetzungen für die Teilnahme der Auszubildenden an der mobilen Berufsschulausbildung ist Aufgabe der Berufsschulen. Haben Auszubildende bereits Arbeitsmittel vom Betrieb für die betriebliche Ausbildung bekommen, kann es sinnvoll sein, dass der Arbeitgeber die Nutzung auch für die Berufsschule freigibt, um so eine bestmögliche Lernumgebung zu schaffen.

180. Wie ist beim mobilen Arbeiten die Arbeitszeit geregelt?

Bei mobiler Arbeit gilt dieselbe Arbeitszeit wie bei Präsenzarbeit. Das Arbeitsschutzgesetz bzw. das Jugendarbeitsschutzgesetz ist gleichermaßen zu beachten. Die werktägliche Arbeitszeit darf 8 Stunden bzw. höchstens 10 Stunden nicht überschreiten (§ 3 ArbZG). Pausenzeiten sind einzuhalten und nach Ende der täglichen Arbeitszeit muss eine ununterbrochene Ruhezeit von 11 Stunden bis zum nächsten Arbeitseinsatz gewährleistet sein (§ 5 Abs. 1 ArbZG). Problematisch kann dies vor allem dann werden, wenn Beschäftigte am Abend noch schnell eine E-Mail schreiben. Wird z. B. um 23.00 Uhr abends eine E-Mail versendet, gilt das als Arbeitszeit. Das heißt, die Teilnahme an einer Besprechung am darauffolgenden Morgen um 8.00 Uhr missachtet die gesetzlich vorgeschriebene Ruhezeit. Der Arbeitgeber ist dafür verantwortlich, die Arbeitszeit der Beschäftigten in mobiler Arbeit zu erfassen. Bestenfalls geschieht dies durch eine Erfassung im betriebsinternen elektronischen Zeiterfassungssystem. Es kann zum Schutz von Beschäftigten sogar sinnvoll sein, wenn ab einer gewissen Uhrzeit das Einloggen in das System nicht mehr möglich ist.

181. Was ist zum Thema Datenschutz zu beachten?

Der Arbeitgeber muss die technischen Maßnahmen zum Schutz von betrieblichen Daten sicherstellen. Es ist darauf zu achten, dass die Beschäftigten in mobiler Arbeit mit Verschlüsselungssoftware arbeiten. Hier bietet z. B. ein VPN-Zugang zum betriebsinternen IT-System die nötige Sicherheit. Arbeitsbezogene Daten sollten nicht auf privaten Geräten der Beschäftigten lokal abgespeichert werden. Ebenfalls ist das Ausdrucken von Unterlagen im Homeoffice weitestgehend zu begrenzen, da diese auch ordnungsgemäß vernichtet werden müssten, z. B. durch Aktenvernichter. Vor allem bei personenbezogenen Daten ist darauf zu achten, dass Dritte (auch Familienangehörige) keine Einsicht oder Zugriff haben. Das bedeutet: für den Laptop ist ein Sichtschutz sinnvoll und eine automatische Sperre, sobald man den Arbeitsplatz verlässt.

182. Was sind die Nachteile mobiler Arbeit/mobiler Ausbildung?

Sowohl bei mobiler Arbeit von regulär Beschäftigen als auch bei mobiler Ausbildung sollten Arbeitgeber und Betriebsrat/JAV einige Gefahrenquellen der mobilen Beschäftigungsformen genau im Blick behalten. Nachteile von mobiler Arbeit bzw. mobiler Ausbildung:

- Soziale Kontakte innerhalb der Belegschaft können verloren gehen. Da diese von immenser Bedeutung sind, kann es Einfluss auf das Wohlbefinden sowie gleichzeitig auf die Arbeitsleistung haben. Gerade für Auszubildende ist dieser Faktor möglicherweise noch bedeutsamer, da ein Zusammengehörigkeitsgefühl die Motivation und das Arbeits-/Lernverhalten beeinflussen kann.
- Die Vermischung von Privat- und Arbeitsleben kann die Abgrenzung für die Beschäftigten erschweren. Dies kann außerdem zur Nichtbeachtung von Pausen- und Ruhezeiten oder Arbeiten bei Krankheit führen.
- Möglicherweise entstehen unnötige Kommunikationsketten durch erschwerte Teamerreichbarkeit.
- Eine mangelhafte Ausstattung an heimischen Arbeitsplätzen.

IV. Urlaub

Urlaub dient der Erholung von der Arbeit/Ausbildung. Dieser Erholungsurlaub ist eine wichtige Errungenschaft. Während der Arbeitgeber den Arbeitnehmern normalerweise Lohn zahlt, weil sie arbeiten, wird während des Erholungsurlaubs der Lohn weitergezahlt, ohne dass in dieser Zeit gearbeitet werden muss. Zu unterscheiden ist der gesetzliche, tarifvertragliche oder arbeits-/ausbildungsvertragliche Anspruch des Urlaubs.

183. Wie viele Urlaubstage stehen Auszubildenden/jugendlichen Beschäftigten pro Jahr zu?

Auszubildende und jugendliche Beschäftigte haben einen gesetzlichen Anspruch auf bezahlten Erholungsurlaub. Für jugendliche Auszubildende und junge Beschäftigte unter 18 Jahren richtet sich der Urlaubsanspruch

nach dem Jugendarbeitsschutzgesetz (§ 19 JArbSchG). Für volljährige Auszubildende gilt das Bundesurlaubsgesetz (BUrlG).
Jugendliche haben je nach ihrem Alter zu Jahresbeginn unterschiedliche Urlaubsansprüche. Diese sind wie folgt gestaffelt:

- Unter 16-jährige – mindestens 30 Werktage Urlaub;
- 16 bis 17-jährige – mindestens 27 Werktage Urlaub;
- 17 bis 18-jährige – mindestens 25 Werktage Urlaub.

Volljährige Beschäftigte und Auszubildende haben Anspruch auf mindestens 24 Werktage Urlaub, § 3 BUrlG. Dies gilt für Beschäftigte in der sechs Tage Woche. Beschäftigte und Auszubildenden in der fünf Tage Woche haben Anspruch auf mindestens 20 Arbeitstage Urlaub, sodass jeweils ein Mindesturlaub von vier Wochen besteht. Durch Arbeits- oder Tarifvertrag kann den Beschäftigten auch mehr Urlaub zustehen. Der Anspruch entsteht erstmalig nach einer Wartezeit von sechs Monaten (§ 4 BUrlG). Da Ausbildungen für gewöhnlich zum 1. September eines jeden Jahres beginnen, berechnet sich der Urlaubsanspruch für das erste Ausbildungsjahr anteilig. 15-jährige Auszubildende z. B. erwerben im ersten Ausbildungsjahr demnach einen anteiligen Urlaubsanspruch von 10 Tagen.

184. Gibt es spezielle Regelungen für die Urlaubsplanung?

Grundsätzlich soll der Urlaub während der Berufsschulferien gewährt werden (§ 19 Abs. 3 JArbSchG). Die JAV sollte darauf achten, dass der Betriebsrat in der Vereinbarung mit Arbeitgebern über allgemeine Urlaubsgrundsätze die Bedürfnisse der Auszubildenden ausreichend berücksichtigt. Mindestens zwei Wochen des Jahresurlaubs müssen während der Berufsschulferien genommen werden. Haben Beschäftigte während der Schulferien keinen Urlaub, müssen sie trotzdem ihrer Tätigkeit im Ausbildungsbetrieb nachgehen.

185. Dürfen Auszubildende während der Berufsschulphase Urlaub nehmen?

Grundsätzlich können Beschäftigte nach ihren Wünschen Urlaub beantragen. Allerdings kann Urlaub nur von der Arbeit im Betrieb genommen werden, nicht vom Schulunterricht. Die Pflicht zum Besuch der Berufsschule besteht auch während des Urlaubs weiter. Wird der Urlaub nicht in die Schulferien gelegt, muss für jeden Berufsschultag, an dem Beschäftigte die Berufsschule während des Urlaubs besuchen, ein weiterer Urlaubstag gewährt werden.

186. Wie ist Urlaub zu beantragen?

Urlaub ist grundsätzlich beim Arbeitgeber zu beantragen. Wie der Antrag auszusehen hat, kann jeder Betrieb selbst regeln. Eine verbindliche gesetzliche Vorgabe existiert nicht. Das Antragsverfahren kann z. B. in einer Betriebsvereinbarung als allgemeiner Urlaubsgrundsatz geregelt werden (§ 87 Abs. 1 Nr. 5 BetrVG). Hierin kann nicht nur die Form des Antrags (z. B. schriftlich, mündlich, E-Mail, Eintrag in eine Software) geregelt werden, sondern z. B. auch Fristen und Termine.
Das betriebliche Verfahren kann bei Auszubildenden anders ausgestaltet sein als bei den anderen Beschäftigten.

187. Welche Fristen müssen beachtet werden?

Es gilt keine gesetzliche Frist, wann der Urlaubsantrag gestellt werden muss. Allerdings wird es hierzu häufig Regeln (z. B. schriftlicher Antrag, mindestens 14 Tage vor Urlaubsantritt) im Arbeits- oder Tarifvertrag oder in Betriebsvereinbarungen geben. Generell gilt, dass eine frühzeitige Beantragung die Erstellung des Urlaubsplans für den Arbeitgeber bzw. Ausbilder erleichtert und gleichzeitig auch zu einer Planungssicherheit bei den Beschäftigten führt.

188. Darf der Arbeitgeber beantragten Urlaub ablehnen?

Einen Urlaubsantrag darf der Arbeitgeber nur in Ausnahmefällen ablehnen. Das ist der Fall, wenn dringende betriebliche Belange dem Urlaub entgegenstehen oder Urlaubswünsche von anderen Auszubildenden unter sozialen Gesichtspunkten vorzugswürdig sind. Das kann z. B. dazu führen, dass Auszubildende mit Kindern, die ihren Urlaub in die Schließungszeit von Krippe oder Kindergarten legen möchten, vorrangig zu berücksichtigen sind. Gegen einen abgelehnten Urlaubsantrag können Beschäftigte notfalls gerichtlich vorgehen, um ihren Urlaubsanspruch zu erhalten. Möglich ist auch, den Betriebsrat nach § 87 Abs. 1 Nr. 5 BetrVG einzuschalten, da er nicht nur ein Mitbestimmungsrecht bei den Urlaubsgrundsätzen, sondern auch beim Urlaub einzelner Arbeitnehmer hat, sofern kein Einverständnis mit dem Arbeitgeber erzielt wird. Der Betriebsrat könnte hier sogar für den Urlaub einer einzelnen Person die Einigungsstelle anrufen. Keinesfalls sollten Beschäftigte ihren Urlaub eigenmächtig ohne Genehmigung antreten. Dies kann ein Abmahnungs- oder sogar ein fristloser Kündigungsgrund sein.

189. Wie werden Konflikte bei der Urlaubsplanung zwischen Auszubildenden gelöst?

Bestenfalls setzen sich Auszubildende und vorgesetzte Personen/Ausbilder an einen Tisch und versuchen eine gemeinsame Lösung zu finden. Hierbei kann die JAV/der Betriebsrat unterstützen. Zunächst ist es wichtig, die gesetzlichen Vorschriften des JArbSchG sowie des BUrlG einzuhalten. Arbeits-, Tarifverträge sowie Betriebsvereinbarungen können weitere unbedingt zu beachtende Bestimmungen enthalten. Im Übrigen ist zwischen den Interessen der Auszubildenden abzuwägen. Wenn bspw. ein/e Auszubildende/r im Vorjahr Urlaub in einem beliebten Zeitraum bekam, kann das dafür sprechen, bei der jetzigen Urlaubsplanung einen anderen Beschäftigten für den gewünschten Zeitraum zu bevorzugen. Wenn Auszubildende Kinder haben, sind sie im Zweifel an bestimmte Ferientage gebunden, um am Familienleben teilzunehmen oder die Betreuung zu regeln. Dies ist zu berücksichtigen. Einzubeziehen ist auch, wie lange der letzte Urlaub jeweils zurückliegt. Sollten Auszubildende mit dem festgelegten Urlaub nicht einverstanden sein, so können sie sich auch bei der JAV bzw. dem Betriebsrat beschweren. Sollte der Betriebsrat die Beschwerde als berechtigt erachten, könnte er die Einigungsstelle anrufen (§ 87 Abs. 1 Nr. 5 BetrVG).

Praxistipp:
Tatsächlich finden hierzu selten Verfahren vor der Einigungsstelle statt, da weder Auszubildende noch der Betriebsrat diese Möglichkeit der Eskalation umsetzen. Außerdem ist die Einigungsstelle im BetrVG mit hohen Kosten verbunden, weshalb in der Regel auch die Arbeitgeberseite zu Zugeständnissen bereit ist, wenn eine Einigungsstelle zu befürchten ist.

190. Darf der Arbeitgeber bereits gewährten Urlaub wieder zurücknehmen oder Auszubildende aus dem Urlaub zurückrufen?

Nein, sobald der Arbeitgeber einen Urlaubsantrag genehmigt hat, kann er ihn nicht wieder einseitig zurücknehmen. Nur in absoluten Notfällen kann es dem Arbeitgeber gestattet sein, einen bereits genehmigten Urlaub zu widerrufen. Personelle Unterbesetzung z. B. reicht dafür nicht, es muss sich vielmehr um existenzgefährdende Gründe handeln, sodass es dem Arbeitgeber unzumutbar wäre, auf die jeweilige Person zu verzichten. Selbst bei ausgelernten Kräften kommt eine solche Situation äußerst selten vor, bei Auszubildenden dürfte sie noch viel weniger vorkommen.
Ebenso kann der Arbeitgeber Auszubildende, die sich bereits in Urlaub befinden, nicht mehr in den Betrieb zurückholen. Während des Urlaubs müssen Auszubildende und junge Beschäftigte auch nicht für den Arbeitgeber erreichbar sein.

191. Was gilt, wenn Auszubildende während ihres Urlaubs erkranken?

Wenn Auszubildende während ihres Urlaubs erkranken, bleiben die Urlaubstage während der Dauer der Krankheit erhalten. Dazu müssen sie dem Arbeitgeber eine ärztliche Arbeitsunfähigkeitsbescheinigung vorlegen (§ 9 BUrlG). Die betroffenen Urlaubstage dürfen dann nicht angerechnet werden. Auszubildende müssen in diesem Fall eine neue Urlaubszeit mit dem Arbeitgeber vereinbaren. Die nicht genommenen Urlaubstage dürfen von dem Auszubildenden nicht einfach ohne Absprache mit dem Arbeitgeber an den jeweiligen Urlaub angehängt werden.

192. Wie ist mit Resturlaub umzugehen, wenn dieser nicht genommen werden konnte?

Grundsätzlich erlischt der Urlaubsanspruch jedes Jahr zum 31.12. Liegen dringende betriebliche oder personelle Gründe vor, kann der Urlaub in das Folgejahr übertragen werden (§ 7 BUrlG). Das kann z. B. bei langandauernder Krankheit der Fall sein, wodurch der/die Beschäftigte verhindert ist, den Urlaub im Urlaubsjahr zu nehmen. Der übertragene Urlaub kann im Folgejahr bis zum 31.3. genommen werden, soweit keine anderweitigen betrieblichen oder tariflichen Regelungen bestehen.
Sollte ein Beschäftigter über einen sehr langen Zeitraum (bis zu 15 Monate) erkrankt sein, so entsteht für diesen Zeitraum trotzdem ein Urlaubsanspruch, der auch nicht verfällt, sondern an dem Anschluss der Arbeitsunfähigkeit genommen werden kann. Dies gilt zumindest für den gesetzlichen Mindesturlaub.
Der Arbeitgeber ist verpflichtet, Beschäftigte rechtzeitig über ihren noch ausstehenden Urlaubsanspruch zu informieren und sie aufzufordern, diesen bis Ende des Jahres zu nehmen.

193. Was ist bei kurzfristigen Urlaubsanträgen oder Änderungen in der Urlaubsplanung zu beachten?

Eine Änderung des Urlaubs ist nur mit Einverständnis des Arbeitgebers möglich. Die Verschiebung, Verlängerung oder Verkürzung eines Urlaubs muss beantragt und vom Arbeitgeber genehmigt werden. Kurzfristige Urlaubsanträge müssen mit dem Arbeitgeber besprochen werden. Auch hier gelten, sofern vorhanden, die betrieblichen oder persönlichen Antragsfristen z. B. aus Arbeitsvertrag, Betriebsvereinbarung oder Tarifvertrag. Geht es um nur einzelne Urlaubstage ist eine kurzfristige Genehmigung jedoch in der Regel eher möglich als bei mehrwöchigen Urlaubsanfragen, sofern keine dringenden betrieblichen Gründe entgegenstehen.

V. Berufsbildungsgesetz

Für einen großen Teil der Berufsausbildungen in Deutschland findet das Berufsbildungsgesetz (BBiG) Anwendung. Es ist eine wichtige Grundlage für die Durchführung der Berufsausbildung und damit der Jugend- und Auszubildendenvertretung. Das Berufsbildungsgesetz geht grundsätzlich von einem dualen System der Berufsausbildung aus, bei dem die schulische und die betriebliche Ausbildung zusammenwirken. Beide Säulen des dualen Systems beinhalten Rechte und Pflichten der Auszubildenden und der Ausbildenden.
Während die betriebliche Ausbildung über Ausbildungsrahmenpläne, bzw. örtliche Ausbildungspläne zeitlich und sachlich gegliedert ist, bestehen für die schulischen Bereiche Rahmenlehrpläne. Da das Schulrecht in Deutschland Aufgabe der Bundesländer ist, werden die Rahmenlehrpläne von dem ständigen Ausschuss der Kultusminister und -senatoren (Kultusministerkonferenz) beschlossen. Die Ausbildungsrahmenpläne werden hingegen vom zuständigen Bundesministerium erstellt.

194. Warum ist das BBiG für die Arbeit der JAV wichtig?

Gemäß § 70 Abs. 1 Nr. 2 BetrVG hat die JAV die allgemeine Aufgabe, die Einhaltung von Gesetzen zugunsten von Auszubildenden zu überwachen. Hierzu zählt das Berufsbildungsgesetz. Das BBiG regelt u. a. Rechte von Auszubildenden und spiegelbildlich auch Pflichten des Arbeitgebers bzw. Ausbildenden. Die Einhaltung und Durchsetzung dieser Verpflichtungen bzw. Rechte kann die JAV einfordern.
Dies spielt z. B. bei § 14 Abs. 3 BBiG eine Rolle, nach dem Auszubildenden nur Aufgaben übertragen werden, die dem Ausbildungszweck dienen. Dies liegt vor, wenn die Aufgabe geeignet ist, den Ausbildungszweck unmittelbar oder mittelbar zu fördern. Ausbildungsfremde Tätigkeiten, wie das Waschen des privaten Autos des Ausbilders, sind somit nicht zulässig,

Ein weiterer wichtiger Aspekt für die Arbeit der JAV ist die Überwachung der Einhaltung des Ausbildungsrahmenplans in Form des betrieblichen Ausbildungsplans, also die konkrete Umsetzung der groben zeitlichen und sachlichen Gliederung der betrieblichen Ausbildung. Die Grundlage hierfür bietet das BBiG und die Ausbildungsordnung einschließlich ihrer Anlagen.
Des Weiteren regelt das BBiG Pflichten der Auszubildenden. Verstöße hiergegen können zu Ermahnung, Abmahnungen und ggf. sogar Kündigung führen. Entsprechend ist es für die JAV wichtig, die Pflichten und ihre Grenzen zu kennen.

195. Was ist der Unterschied zwischen Ausbildungsrahmenplan und örtlichem Ausbildungsplan?

Gemäß § 5 Abs. 1 Nr. 4 BBiG legen die Ausbildungsordnungen eine Anleitung zur sachlichen und zeitlichen Gliederung zur Vermittlung der beruflichen Fertigkeiten, Kenntnisse und Fähigkeiten (Ausbildungsrahmenplan) fest. Dieser Ausbildungsrahmenplan ist in der Regel als Anlage 1 der Ausbildungsordnung beigefügt. Er beschreibt grob die in den jeweiligen Ausbildungsabschnitten zu vermittelnden Ausbildungsbestandteile und deren jeweilige Dauer.
Diese grobe zeitliche und sachliche Gliederung ist in einen betrieblichen Ausbildungsplan zu überführen und zu konkretisieren. Dieser bezieht sich konkret auf den jeweiligen Ausbildungsbetrieb. Der betriebliche Ausbildungsplan ist Bestandteil des Ausbildungsvertrags und der Kammer als zuständige Stelle zu übermitteln. Der betriebliche Ausbildungsplan unterliegt gemäß § 98 Abs. 1 BetrVG der Mitbestimmung des Betriebsrats unter entsprechender Beteiligung der JAV – einschließlich Stimmrecht aller Mitglieder.

Praxistipp:
In der Praxis werden betriebliche Ausbildungspläne häufig ohne Beteiligung des Betriebsrats/der JAV erstellt. Dies liegt entweder daran, dass Betriebsräte diese Möglichkeit nicht kennen oder sie die Mitbestimmung trotz Kenntnis nicht einfordern. Gerade in Betrieben, in denen die Ausbildung nicht optimal läuft; also z. B.

in denen die Auszubildenden ausbildungsfremd und/oder als billige Arbeitskräfte eingesetzt werden, ist dies ein guter Hebel, um die Ausbildung zu verbessern. So hätte der Betriebsrat bei einer abgeschlossenen Betriebsvereinbarung sogar einen Durchführungsanspruch und könnte so die Einhaltung des Ausbildungsplans gerichtlich durchsetzen.

196. Was ist die zuständige Stelle nach BBiG?

Die zuständigen Stellen sind die jeweiligen Kammern, wie z. B. Handwerkskammer, Industrie- und Handelskammer (§ 71 BBiG) und für die Berufsausbildung von großer Bedeutung. Sie nehmen Beratungs- und Überwachungsfunktionen wahr und nehmen die Prüfungen ab. Ihnen werden als öffentlich-rechtliche Körperschaften durch das BBiG hoheitliche Aufgaben wie das Führen von Ausbildungsverzeichnissen, die Überwachung der Eignung von Ausbildungsbetrieb und Ausbildern und die Überwachung der Ausbildung übertragen. Bei ihnen wird ein Berufsbildungsausschuss gebildet, der aus sechs Beauftragten der Arbeitgeber, sechs Beauftragten der Arbeitnehmer und beratend aus sechs Lehrkräften der berufsbildenden Schulen besteht. Zudem besteht die Möglichkeit einen Schlichtungsausschuss zu gründen, der bei Konflikten zwischen Auszubildenden und Ausbildern vermitteln soll. Insbesondere ist er bei Kündigungen von Auszubildenden durch den Ausbilder vor Einreichen der Kündigungsschutzklage anzuhören (§ 111 Abs. 2 ArbGG).

197. Welche Möglichkeiten bestehen zur Verkürzung der Ausbildungsdauer?

Eine Möglichkeit der Verkürzung besteht in der Anrechnung der beruflichen Vorbildung (§ 7 BBiG) entweder aufgrund einer Rechtsverordnung als allgemeine Regelung oder durch gemeinsamen Antrag von Auszubildenden und Ausbildenden im Einzelfall. Der Antrag ist an die zuständige Stelle zu richten. Der Anrechnungszeitraum muss durch sechs Monate teilbar sein (d. h. 6, 12 oder 18 Monate). Die Vorbildung ist so anzurechnen, als wäre diese Zeit tatsächlich als Teil der Ausbildung vor der eigentlichen Ausbildung erbracht worden. Dies bedeutet, dass jemanden, dessen Vor-

bildung mit 12 Monaten angerechnet wird, in dem zweiten Ausbildungsjahr beginnt und entsprechend vergütet wird.
Eine weitere Möglichkeit der Verkürzung besteht, wenn zu erwarten ist, dass das Ausbildungsziel auch in gekürzter Dauer erreicht wird (§ 8 BBiG). Hierzu bedarf es eines gemeinsamen Antrags von Auszubildenden und Ausbildern an die zuständige Stelle. In diesen Fällen wird die Zeit aber am Ende gekürzt, sodass die Vergütung der tatsächlichen Ausbildungsdauer entspricht.
Gemäß § 45 Abs. 1 BBiG können Auszubildende beantragen, vorzeitig zur Abschlussprüfung zugelassen zu werden, sofern ihre Leistungen dies rechtfertigen. Der Ausbildende und die Berufsschule sind hierzu vorher anzuhören. Dieser Antrag kann auch gestellt werden, wenn nachgewiesen wird, dass der Beruf bereits mindestens das eineinhalbfache der Ausbildungszeit ausgeübt wurde (§ 45 Abs. 2 BBiG).

198. Wann kann die Ausbildungsdauer verlängert werden?

Die Ausbildung kann in Ausnahmefällen auf Antrag des/der Auszubildenden verlängert werden, wenn die Verlängerung erforderlich ist, um das Ausbildungsziel zu erreichen (§ 8 Abs. 2 BBiG). Der Ausbildende ist dabei anzuhören. Der/die Auszubildende hat die Verlängerungsgründe darzulegen. Es handelt sich dabei um außergewöhnliche Situationen, die die Ausbildung ungewöhnlich erschwert haben. Gründe können z. B. lange Krankheitszeiten oder längerer Ausfall der betrieblichen Ausbildung sein. Die zuständige Stelle entscheidet nach pflichtgemäßem Ermessen.
Zudem verlängert sich die Ausbildung bei Nichtbestehen der Abschlussprüfung auf Verlangen des Auszubildenden bis zur nächsten Prüfung oder durch Schwangerschaft oder Elternzeit.

199. Kann eine Ausbildung auch in Teilzeit durchgeführt werden?

Eine Berufsausbildung kann auch in Teilzeit durchgeführt werden (§ 7a BBiG). Dies kann die gesamte oder auch nur Teile der Berufsausbildung betreffen. Die Kürzung der Ausbildungszeit darf täglich oder wöchentlich

nicht mehr als 50 % betragen. Die Gesamtdauer der Ausbildung verlängert sich entsprechend. Sie darf aber das Eineinhalbfache der Dauer, die die Ausbildung in Vollzeit beträgt, grundsätzlich nicht überschreiten (Ausnahme: Antrag für die Zulassung zur nächsten möglichen Prüfung).
Auch bei der Teilzeitausbildung besteht die Möglichkeit der Verkürzung gemäß § 7 und § 8 BBiG. Hierzu bietet § 8 Abs. 1 Satz 2 BBiG u. U. eine besondere Berechnung der Verkürzung. Sie besagt, dass, sofern die Überschreitung der Regelausbildungszeit wegen der Teilzeitausbildung nach Verkürzung der Ausbildung nicht länger als sechs Monate beträgt, die Ausbildungszeit auf die Regelausbildungszeit verkürzt wird.

200. Was ist bei Minderjährigen zu beachten?

Minderjährige Auszubildende sind Vertragspartner, aber nur beschränkt geschäftsfähig (§ 106 BGB). Sie benötigen zum Abschluss des Ausbildungsvertrags die vorherige Einwilligung des gesetzlichen Vertreters. Sollte die Einwilligung fehlen, kann der Vertrag auch nachträglich genehmigt werden. Fehlt es sowohl an einer Einwilligung als auch einer Genehmigung, ist der Vertrag unwirksam. Dasselbe gilt für die Kündigung durch minderjährige Auszubildende.
Im Gegensatz dazu, können Minderjährige auch ohne Zustimmung der gesetzlichen Vertreter Mitglied einer Gewerkschaft werden. Die in Art. 9 Abs. 3 Grundgesetz geschützte Koalitionsfreiheit steht auch Minderjährigen zu.

201. Wie lang darf die Probezeit bei Auszubildenden höchstens sein?

Die Probezeit eines/einer Auszubildenden beträgt mindestens einen und höchstens vier Monate. Während der Probezeit kann die Kündigung ohne Angaben von Gründen erfolgen. Eine Kündigungsfrist ist in diesen Fällen im BBiG nicht vorgesehen. Eine angemessene Frist kann aber zwischen den Vertragspartnern vereinbart werden.

202. Welche Pflichten haben Auszubildende in der Berufsausbildung?

Die Pflichten der Auszubildenden sind insbesondere in § 13 BBiG festgelegt. So haben sich die Auszubildenden u. a. zu bemühen, das Ausbildungsziel zu erreichen und an Ausbildungsmaßnahmen teilzunehmen, für die sie nach § 15 BBiG freigestellt werden. Die Auszubildenden haben den Weisungen zu folgen und die ihnen übertragenen Aufgaben sorgfältig auszuführen. Zu den festgeschriebenen Pflichten zählen auch die Einhaltung der geltenden Ordnung, das pflegliche Behandeln von Werkzeug, das Stillschweigen über Betriebs- und Geschäftsgeheimnisse und das Führen des schriftlichen oder elektronischen Ausbildungsnachweises.

203. Welche Pflichten haben Ausbildende in der Berufsausbildung?

Abgesehen von der Zahlung einer angemessenen Vergütung gemäß § 17 BBiG sind weitere Pflichten des Ausbildenden u. a. in § 14 BBiG festgelegt. So haben Ausbildende durch eine planmäßige zeitliche und sachliche Gliederung dafür zu sorgen, dass das Ausbildungsziel in der vorgesehenen Ausbildungszeit erreicht wird. Dies geschieht in dem sie selbst ausbilden oder eine/n Ausbilder/in damit beauftragen. Sie haben den Auszubildenden die erforderlichen Ausbildungsmittel zur Verfügung zu stellen und sie zum Besuch der Berufsschule anzuhalten.

Der Ausbildende hat dafür zu sorgen, dass Auszubildende charakterlich gefördert, sittlich und körperlich nicht gefährdet werden und ihnen nur solche Aufgaben zu übertragen, die ihrem Ausbildungszweck dienen.

Sie haben Auszubildende zum Führen der Ausbildungsnachweise nach § 13 Satz 2 Nr. 7 BBiG anzuhalten und diese regelmäßig durchzusehen. Außerdem ist den Auszubildenden Gelegenheit zu geben, den Ausbildungsnachweis am Arbeitsplatz zu führen.

204. Welche Ausbildungsmittel muss der Ausbildende den Auszubildenden kostenlos zur Verfügung stellen?

Der Ausbildende hat den Auszubildenden nach § 14 Abs. 1 Nr. 3 BBiG die Ausbildungsmittel wie insbesondere Werkzeug, Werkstoffe und Fachliteratur zur Verfügung zu stellen, die zur Berufsausbildung und zum Ablegen der Zwischen- und Abschlussprüfung erforderlich sind. Eine finanzielle Beteiligung der Auszubildenden kann nicht verlangt werden. Eine solche Vereinbarung wäre für die erforderlichen Ausbildungsmittel unwirksam. Sollte eine digitale Ausbildung durchgeführt werden, ist den Auszubildenden die notwendige Soft- und Hardware zur Verfügung zu stellen.

Der Ausbildende ist nach BBiG allerdings nur verpflichtet, die Ausbildungsmittel für den betrieblichen Teil der Ausbildung zur Verfügung zu stellen. Arbeitsmittel der Berufsschule fallen somit nicht hierunter. Entsprechende Fachbücher sind vom Ausbilder nur kostenlos zur Verfügung zu stellen, sofern sie auch für die betriebliche Ausbildung benötigt werden.

Die Pflicht zur Übernahme auch der Kosten für die Mittel der Berufsschule kann sich aus einem Tarifvertrag, einer Betriebsvereinbarung oder aus dem Ausbildungsvertrag ergeben.

205. Wann ist eine Ausbildungsvergütung angemessen?

Der Ausbildende ist verpflichtet, den Auszubildenden eine angemessene Ausbildungsvergütung zu zahlen (§ 17 BBiG). Wann eine Ausbildungsvergütung angemessen ist, wird nach folgenden Gesichtspunkten beurteilt:

Zunächst hat der Gesetzgeber in § 17 Abs. 2 BBiG eine Mindestvergütung festgelegt, die grundsätzlich nicht unterschritten werden darf und die regelmäßig angepasst wird. Eine Unterschreitung ist nur möglich, sofern diese in einem für den Ausbildenden geltenden Tarifvertrag vereinbart wurde (§ 17 Abs. 3 BBiG).

I. d. R. wird also eine geringere als die in § 17 Abs. 2 BBiG festgelegte Ausbildungsvergütung nicht angemessen sein. Dies bedeutet aber nicht automatisch, dass jegliche Einhaltung der Mindestvergütung bereits eine angemessene Vergütung darstellt. In einem zweiten Schritt ist zu prüfen, ob in der Region und Branche ein Tarifvertrag besteht, an dem der Ausbildende nicht selbst gebunden ist. Obwohl in einem solchen Fall der Ausbildende gar nicht Tarifvertragspartner ist, wird die tarifliche Regelung als Maßstab einer angemessenen Ausbildungsvergütung herangezogen. Die durch den Ausbildenden gezahlte Ausbildungsvergütung darf die tarifliche Vergütung nicht um mehr als 20 % unterschreiten. Sollte sie um mehr als 20 % geringer sein, wäre sie selbst dann nicht angemessen, wenn die Mindestausbildungsvergütung nach § 17 Abs. 2 BBiG eingehalten wird.

206. Was passiert, wenn sich Auszubildende weigern die Berufsschule zu besuchen?

Die Teilnahme an der Berufsschule gehört zu den Pflichten des/der Auszubildenden (§ 13 Nr. 2 BBiG i. V. m. § 15 Abs. 1 Nr. 1 BBiG). Der Ausbildende seinerseits ist verpflichtet, die Auszubildenden zu dem Besuch anzuhalten (§ 14 Abs. 1 Nr. 4 BBiG) und hierfür freizustellen (§ 15 Abs. 1 Nr. 1 BBiG). Sollte der/die Auszubildende trotzdem unentschuldigt nicht an der Berufsschule teilnehmen, handelt es sich um einen Verstoß gegen die gesetzlichen und vertraglichen Pflichten. Innerhalb der Probezeit kann bereits ein einmaliger Verstoß den Ausbildungsplatz gefährden. Außerhalb der Probezeit kann ein mehrfacher Verstoß nach entsprechenden Ermahnungen und Abmahnungen sogar eine außerordentliche Kündigung durch den Ausbildenden rechtfertigen.

207. Was kann passieren, wenn sich ein Ausbildender nicht an seine Pflichten hält?

Verletzt der Ausbildende seine Ausbildungspflicht, schuldet der Ausbildende den daraus entstandenen Schaden, wie z. B. den entgangenen Verdienst von ausgelernten Arbeitnehmer:innen, falls der Ausbildende das Nichterreichen des Ausbildungsziels verschuldet hat. Hierbei ist jedoch ggf. auch ein mögliches Mitverschulden des/der Auszubildenden zu berücksichtigen.

Bei Verletzungen gegen die Grundsätze, dass der/die Auszubildende nicht gefährdet werden darf bzw. ihm/ihr nur Aufgaben zu übertragen sind, die

seinen/ihren körperlichen Kräften angemessen sind, kann auch Schmerzensgeld als Schaden in Betracht kommen.
Außerdem kann bei Verstößen des Ausbildenden der/die Auszubildende mit oder ohne Einhaltung einer Kündigungsfrist, das Ausbildungsverhältnis kündigen. In diesen Fällen kann der/die Auszubildende zusätzlich einen Schadensersatz nach § 23 BBiG geltend machen, sofern der Ausbildende den Grund für die Kündigung vorsätzlich oder fahrlässig herbeigeführt hat.
In gravierenden Fällen kann dem Ausbildenden aufgrund mangelnder Eignung auch die Berechtigung zur Ausbildung durch die zuständige Stelle entzogen werden.

208. Was ist beim Führen des Ausbildungsnachweises zu berücksichtigen?

Ausbildungsnachweise sollen in Stichpunkten den sachlichen und zeitlichen Verlauf der Ausbildung wiedergeben. Auszubildende sind verpflichtet, einen Ausbildungsnachweis in schriftlicher oder elektronischer Form zu führen (§ 13 Nr. 7 BBiG). Welche Form gewählt wird, ist in der Vertragsniederschrift festzulegen. Der Ausbildende ist wiederrum verpflichtet, die Auszubildenden zur Führung des Ausbildungsnachweises anzuhalten und die Gelegenheit zu geben, diesen am Arbeitsplatz, d. h. während der Ausbildungszeit zu führen (§ 14 Abs. 2 BBiG). Außerdem hat der Ausbildende den Ausbildungsnachweis regelmäßig durchzusehen und abzuzeichnen. Der Ausbildungsnachweis ist eine Zulassungsvoraussetzung zur Abschlussprüfung. Entsprechend sorgfältig ist er zu führen.

209. Mit wie viel Zeit werden Berufsschultage auf die Ausbildungszeit angerechnet?

Berufsschultage werden an einem Berufsschultag mit mehr als fünf Unterrichtsstunden von mindestens je 45 Minuten, einmal in der Woche mit der durchschnittlichen täglichen Ausbildungszeit angerechnet (§ 15 Abs. 2 Nr. 2 BBiG).

Weitere Berufsschulzeiten werden mit ihrer Unterrichtszeit zuzüglich der Pausen und der notwendigen Wegezeiten auf die Ausbildungszeit angerechnet (§ 15 Abs. 2 Nr. 1 BBiG).
Berufsschulwochen mit einem planmäßigen Blockunterricht von mindestens 25 Stunden an mindestens fünf Tagen werden mit der durchschnittlichen wöchentlichen Ausbildungszeit angerechnet (§ 15 Abs. 1 Nr. 3 BBiG).
Die Regelungen zur Freistellung und Anrechnung aus dem Berufsbildungsgesetz und dem Jugendarbeitsschutzgesetz sind inzwischen deckungsgleich, sodass kein Unterschied zwischen über und unter 18-jährigen besteht.

210. Muss am Tag vor der schriftlichen Abschlussprüfung gearbeitet werden?

An dem Arbeitstag, der der schriftlichen Abschlussprüfung unmittelbar vorangeht, hat der Ausbildende die Auszubildenden freizustellen. Dies gilt aber nur für den unmittelbar vorangehenden Arbeitstag. Sollte die Abschlussprüfung an einem Montag sein, wäre der unmittelbar vorangehende Tag ein Sonntag und damit in der Regel kein Arbeitstag. Hier gäbe es keinen gesetzlichen Anspruch als Ersatz den davorliegenden Freitag freigestellt zu werden. Dasselbe gilt, falls der Tag vor der schriftlichen Abschlussprüfung ein gesetzlicher Feiertag oder ein Berufsschultag ist. Etwas anderes gilt, falls der Sonntag oder Feiertag, wie im Hotel- und Gaststättengewerbe, ein regulärer Arbeitstag wäre. Hier wäre dann auch an dem Sonntag freizustellen.

211. Besteht ein allgemeiner Übernahmeanspruch nach der Berufsausbildung?

Ein allgemeiner gesetzlicher Übernahmeanspruch auf befristete oder unbefristete Übernahme besteht nicht. Ansprüche auf befristete oder unbefristete Übernahme ergeben sich jedoch teilweise aus anwendbaren Tarifverträgen oder Betriebsvereinbarungen. Eine Sonderregel umfasst die Mitglieder der Jugend- und Auszubildendenvertretung oder des Betriebsrats,

die einen grundsätzlichen, unbefristeten Übernahmeanspruch nach § 78a BetrVG besitzen.
Ein Übernahmeanspruch liegt des Weiteren vor, wenn der/die Auszubildende im Anschluss an sein Berufsausbildungsverhältnis beschäftigt wird, ohne dass dies ausdrücklich vereinbart wurde (§ 24 BBiG). Hierzu müsste diese/r aber auch tatsächlich ohne zeitliche Unterbrechung nach dem Ende des Berufsausbildungsverhältnisses mit Wissen des Ausbildenden oder einer zur Vertretung berechtigten Person weiterbeschäftigt worden sein.

212. Wie oft kann die Abschlussprüfung wiederholt werden?

Die Abschlussprüfung kann zwei Mal wiederholt werden (§ 37 Abs. 1 Satz 2 BBiG). Sollten Auszubildende ihre Abschlussprüfung nicht bestehen, verlängert sich das Ausbildungsverhältnis auf ihr Verlangen bis zur nächsten Abschlussprüfung, längstens jedoch um ein Jahr (§ 21 Abs. 3 BBiG). Für dieses Verlangen besteht keine Formvorschrift. Es kann also schriftlich, mündlich oder durch schlüssiges Verhalten gegenüber dem Ausbildenden erfolgen. Während der vertraglich vereinbarten Ausbildungszeit (falls die Prüfung also vor deren Ende nicht bestanden wurde) kann der Auszubildende dieses Verlangen jederzeit äußern. Sollte die Ausbildungszeit schon beendet sein und das Nichtbestehen erst dann bekanntwerden, hat das Verlangen unverzüglich, d. h. ohne schuldhaftes Zögern zu erfolgen.

213. Welche Voraussetzungen müssen Auszubildende erfüllen, um für die Abschlussprüfung zugelassen zu werden?

Für die Abschlussprüfung wird nach § 43 BBiG zugelassen, wer

- die Ausbildungsdauer zurückgelegt hat oder dessen Ausbildungsdauer nicht später als zwei Monate nach dem Prüfungstermin endet,
- an den vorgeschriebenen Zwischenprüfungen teilgenommen hat,
- ein vom Ausbilder und Auszubildenden unterzeichneten Ausbildungsnachweis vorgelegt hat und

- dessen Berufsausbildungsverhältnis in das Verzeichnis der Berufsausbildungsverhältnisse eingetragen wurde oder er den Grund der Nichteintragung nicht zu vertreten hat.

Alle Voraussetzungen müssen erfüllt sein. Die Zulassungsvoraussetzungen werden in den jeweiligen Ausbildungsordnungen präzisiert.

214. Können häufige krankheitsbedingte Ausfallzeiten bei einer Ausbildung nach BBiG zu einer Nichtzulassung zur Prüfung führen?

Im BBiG steht weder eine feste Grenze an Ausfalltagen noch ein allgemeiner Hinweis, dass jemand mit vielen Tagen Arbeitsunfähigkeit nicht zur Prüfung zugelassen werden kann.

In der Praxis ist es jedoch so, dass die zuständigen Stellen bei den Ausbildenden die Anzahl der Fehlzeiten abfragen und im Einzelfall prüfen, ob die Fehlzeiten dazu führen, dass die Ausbildungsdauer hierdurch nicht erfüllt wurde. Obwohl es keine gesetzliche Frist gibt, werden von den zuständigen Stellen zum Teil 10 % als Faustformel (ohne Urlaubszeiten) angewandt. Das heißt: Wenn man weniger als 10 % Abwesenheitszeiten in der Ausbildung hat, ist dies kein Hinderungsgrund für die Zulassung zur Prüfung. Bei Überschreitung der 10 % prüft die zuständige Stelle, ob trotzdem eine Zulassung zur Abschlussprüfung möglich ist. Hierzu werden Ausbilder und Berufsschule befragt und auch die beruflichen und schulischen Leistungen herangezogen, damit geprüft werden kann, ob durch restliche Ausbildungszeit die berufliche Handlungsfähigkeit erreicht worden ist.

215. Werden Tätigkeiten für die JAV als Fehlzeiten in der Berufsausbildung gewertet?

Die zuständigen Stellen sprechen nicht nur von krankheitsbedingten Fehlzeiten, sondern allgemein von Fehlzeiten.

Zu diesen Fehlzeiten dürfen die Tätigkeiten als Jugend- und Auszubildendenvertreter aber nicht eingerechnet werden. Dies ist zwar ebenfalls nicht ausdrücklich im BBiG geregelt und wird von den zuständigen Stellen zum

Teil auch nicht ausreichend kommuniziert, ergibt sich aber bereits aus dem Benachteiligungsverbot für die Mitglieder der Jugend- und Auszubildendenvertretung. Außerdem sind selbst in den Gesetzen, die eine feste Fehlzeitenquote für die Zulassung für die Abschlussprüfung festgelegt haben, wie das Pflegeberufegesetz (PflBG), die Fehlzeiten für Tätigkeiten im Rahmen des BetrVG ausdrücklich ausgenommen. Freistellungen für die JAV fallen folglich nicht unter die o.g. 10 %.

216. Kann ich meine Abschlussprüfung trotz Arbeitsunfähigkeit absolvieren?

Generell ist zwischen Arbeitsunfähigkeit und Prüfungsunfähigkeit zu unterscheiden, da nicht jede Arbeitsunfähigkeit zu einer Prüfungsunfähigkeit führt. So kann ich als Rechtshänder z.B. meine schriftliche Abschlussprüfung schreiben, wenn ich mir den linken Arm gebrochen habe, was entsprechend zu einer reinen Arbeitsunfähigkeit führt. Kranken- und Unfallversicherung bestehen auch ohne ausdrückliche ärztliche Unbedenklichkeitsbescheinigung fort.

Wenn der/die Auszubildende allerdings während der Abschlussprüfung merkt, dass er/sie die Prüfung aus gesundheitlichen Gründen doch nicht absolvieren kann, so ist die Prüfung abzubrechen und eine entsprechende, ärztliche Bescheinigung vorzulegen. Sollte der/die Auszubildende erst nach Ende der Prüfung behaupten, dass er/sie prüfungsunfähig war, gilt die Prüfung als durchgeführt und das Ergebnis zählt.

Im Rahmen der praktischen Prüfung hat der Prüfungsausschuss die Prüfung abzubrechen, falls offensichtlich ist, dass der/die Auszubildende prüfungsunfähig ist und die Ablegung der Prüfung ein erkennbares Risiko darstellt.

217. Was ist, wenn der/die Auszubildende am Tag der Abschlussprüfung prüfungsunfähig ist?

Sollte ein/e Auszubildende/r am Tag der Abschlussprüfung prüfungsunfähig erkranken, so hat er/sie sich diese Prüfungsunfähigkeit durch ein ärztliches Attest bescheinigen zu lassen. Sollte dies geschehen, gilt die Prüfung noch nicht als versucht. Er/sie kann dann an der nächsten Abschlussprüfung teilnehmen. Das Ausbildungsverhältnis verlängert sich auf seinen/ihren Wunsch analog § 14 Abs. 3 BBiG und maximal um ein Jahr.

218. Was ist die Zwischenprüfung?

Die Zwischenprüfung dient der Ermittlung des Ausbildungsstands zum Zeitpunkt der Prüfung. Auszubildende und Ausbildende erhalten eine Einschätzung in welchen Bereichen es Defizite gibt, die gegebenenfalls durch zusätzliche Anstrengungen und/oder Angebote auszugleichen sind. Damit noch genug Zeit zur Verbesserung ist, findet die Zwischenprüfung häufig nach dem ersten Ausbildungsjahr statt. Die Zwischenprüfung wird von der zuständigen Stelle abgenommen. Details und Inhalte der Zwischenprüfung sind in der Ausbildungsordnung und/oder in den jeweiligen Prüfungsordnungen festgelegt.
Die Teilnahme an einer Zwischenprüfung ist eine Voraussetzung für die Zulassung zur Abschlussprüfung. Für die Zulassung zur Abschlussprüfung ist es nicht erforderlich, dass die Zwischenprüfung auch bestanden wurde. Es soll für die Zulassung zur Abschlussprüfung reichen, wenn man nur körperlich anwesend war. Auszubildende haben einen Anspruch auf Durchführung der Zwischenprüfung sofern kein Ausnahmetatbestand des § 48 Abs. 2 BBiG vorliegt. Hiernach entfällt die Zwischenprüfung, sofern

1. die Ausbildungsordnung vorsieht, dass die Abschlussprüfung in zwei zeitlich auseinanderfallenden Teilen durchgeführt wird, oder
2. die Ausbildungsordnung vorsieht, dass auf die Dauer der durch die Ausbildungsordnung geregelten Berufsausbildung die Dauer einer anderen abgeschlossenen Berufsausbildung im Umfang von mindestens zwei Jahren anzurechnen ist, und die Vertragsparteien die Anrechnung mit mindestens dieser Dauer vereinbart haben.

219. Welche Folge hat es, wenn Auszubildende bei einer Zwischenprüfung krankheitsbedingt prüfungsunfähig sind?

Da die Zwischenprüfung, bis auf die gesetzlich geregelten Ausnahmen, eine Zugangsvoraussetzung für die Abschlussprüfung ist, muss die Zwischenprüfung am nächsten Termin nachgeholt werden. Auch für diese »zweite« Zwischenprüfung ist der/die Auszubildende vom Ausbildenden gemäß § 15 Abs. 1 Nr. 4 BBiG freizustellen.

220. Können Auszubildende gerichtlich gegen Ergebnisse aus der Zwischen- oder Abschlussprüfung vorgehen?

Gegen die Ergebnisse der Abschlussprüfung kann der/die Geprüfte Widerspruch und/oder Klage einlegen. Ob der Klage ein Widerspruchsverfahren vorgeschaltet sein muss, ist in den einzelnen Bundesländern unterschiedlich geregelt. Diese Möglichkeit besteht auch, wenn die Prüfung bestanden wird und nur die Note angegriffen wird. Wird nur die Neubewertung einer Klausur verlangt, ist nur diese zu prüfen. Nach einer Entscheidung des Bundesverwaltungsgerichts darf dann das »neue« Ergebnis nicht schlechter sein als das »alte« Ergebnis.
Gegen das Ergebnis der Zwischenprüfung kann nicht gerichtlich vorgegangen werden. Da auch ein Nichtbestehen der Zwischenprüfung keine Auswirkung auf die Ausbildung hat, fehlt es an der notwendigen Rechtswirkung. Einklagbar wäre allerdings die Durchführung der Zwischenprüfung, da die Teilnahme an dieser eine Zugangsvoraussetzung zur Abschlussprüfung sein kann.

VI. Pflegeberufegesetz

Das Berufsbildungsgesetz ist nicht die einzige Rechtsgrundlage für Ausbildungen in Deutschland. So besteht mit dem Pflegeberufegesetz (PflBG) eine spezielle gesetzliche Grundlage zusammen mit der Ausbildungs- und Prüfungsordnung für die Pflegeberufe (PflAPrV) für die berufliche und hochschulische Pflegeausbildung. Auf diese findet das Berufsbildungsgesetz gemäß § 63 PflBG grundsätzlich keine Anwendung. Es fasst die ehemalig getrennten Ausbildungen der Gesundheits- und Krankenpflege, Gesundheits- und Kinderkrankenpflege sowie der Altenpflege in einem Gesetz zusammen.

221. Was regelt das Pflegeberufegesetz?

Das Pflegeberufegesetz regelt als Berufszulassungsgesetz die Zugangsvoraussetzungen zu den Pflegeausbildungen. Außerdem beinhaltet es die Dauer und Struktur der Ausbildungen und die Grundlagen des Ausbildungsverhältnisses. Zudem legt es die Rechte und Pflichten der Auszubildenden und des Trägers der praktischen Ausbildung fest.

222. Wie lange dauert die Ausbildung nach dem Pflegeberufegesetz?

Die Pflegeausbildung dauert regulär in Vollzeit drei Jahre, bzw. in Teilzeit maximal fünf Jahre. Die ersten zwei Jahre sind allgemein ausgerichtet und im dritten Jahr besteht die Möglichkeit entweder die allgemeine Ausbildung weiterzuführen oder sich zum Gesundheits- und Krankenpfleger oder Altenpfleger zu spezialisieren. Ob eine Spezialisierung stattfindet, ist abhängig von dem im Ausbildungsvertrag festgelegten Vertiefungseinsatz. Der Vertiefungseinsatz kann im beiderseitigen Einvernehmen auch noch im Laufe der Ausbildung bis zu dessen Beginn verändert werden (§ 16 Abs. 5 Satz 2 PflBG).

223. Welchen Inhalt muss der Ausbildungsvertrag im PflBG enthalten?

Der Ausbildungsvertrag muss nach § 16 Abs. 2 PflBG mindestens Folgendes enthalten:

1. die Bezeichnung des Berufs, zu dem nach den Vorschriften dieses Gesetzes ausgebildet wird sowie den gewählten Vertiefungseinsatz einschließlich einer Ausrichtung nach § 7 Abs. 4 Satz 2 PflBG,
2. den Beginn und die Dauer der Ausbildung,
3. Angaben über die der Ausbildung zugrunde liegende Ausbildungs- und Prüfungsverordnung,
4. eine Darstellung der inhaltlichen und zeitlichen Gliederung der praktischen Ausbildung (Ausbildungsplan),
5. die Verpflichtung der Auszubildenden oder des Auszubildenden zum Besuch der Ausbildungsveranstaltungen der Pflegeschule,
6. die Dauer der regelmäßigen täglichen oder wöchentlichen praktischen Ausbildungszeit,
7. die Dauer der Probezeit,
8. Angaben über Zahlung und Höhe der Ausbildungsvergütung einschließlich des Umfangs etwaiger Sachbezüge nach § 19 Abs. 2 PflBG,
9. die Dauer des Urlaubs,
10. die Voraussetzungen, unter denen der Ausbildungsvertrag gekündigt werden kann, einschließlich eines Hinweises auf die Möglichkeit der Vertragsverlängerung nach § 21 Abs. 2 PflBG,
11. einen in allgemeiner Form gehaltenen Hinweis auf die dem Ausbildungsvertrag gegebenenfalls zugrundeliegenden tariflichen Bestimmungen, Betriebs- oder Dienstvereinbarungen sowie auf die Rechte als Arbeitnehmer im Sinne von § 5 des Betriebsverfassungsgesetzes oder von § 4 des Bundespersonalvertretungsgesetzes des Trägers der praktischen Ausbildung und
12. die Form des Ausbildungsnachweises nach § 17 Satz 2 Nr. 3 PflBG.

224. Welche Pflichten hat der Träger der praktischen Ausbildung?

Der Träger der praktischen Ausbildung ist gemäß § 18 PflBG verpflichtet,

1. die Ausbildung in einer durch ihren Zweck gebotenen Form auf der Grundlage des Ausbildungsplans zeitlich und sachlich gegliedert so durchzuführen, dass das Ausbildungsziel in der vorgesehenen Zeit erreicht werden kann,

2. zu gewährleisten, dass die nach § 16 Abs. 2 Nr. 4 PflBG vereinbarten Einsätze der praktischen Ausbildung durchgeführt werden können,
3. sicherzustellen, dass die nach § 6 Abs. 3 Satz 3 PflBG zu gewährleistende Praxisanleitung der oder des Auszubildenden im Umfang von mindestens 10 % der während eines Einsatzes zu leistenden praktischen Ausbildungszeit stattfindet,
4. der oder dem Auszubildenden kostenlos die Ausbildungsmittel einschließlich der Fachbücher, Instrumente und Apparate zur Verfügung zu stellen, die zur praktischen Ausbildung und zum Ablegen der staatlichen Abschlussprüfung erforderlich sind, und
5. die Auszubildende oder den Auszubildenden für die Teilnahme an Ausbildungsveranstaltungen der Pflegeschule und für die Teilnahme an Prüfungen freizustellen und bei der Gestaltung der Ausbildung auf die erforderlichen Lern- und Vorbereitungszeiten Rücksicht zu nehmen.

Der oder dem Auszubildenden dürfen nur Aufgaben übertragen werden, die dem Ausbildungszweck und dem Ausbildungsstand entsprechen; die übertragenen Aufgaben müssen den physischen und psychischen Kräften der Auszubildenden angemessen sein.

225. Wie lange dauert die Probezeit im PflBG?

Die Probezeit im PflBG beträgt in der Regel sechs Monate. Die Dauer kann durch tarifvertragliche Regelungen verkürzt werden. Sie ist damit im Vergleich zu der vergleichbaren Regelung des Berufsbildungsgesetzes deutlich länger. Als Begründung für die längere Probezeit wird die besondere soziale Verantwortung und sowohl geistige als auch körperliche Herausforderung herangezogen.

226. Können häufige krankheitsbedingte Ausfallzeiten bei einer Ausbildung nach dem PflBG zu einer Nichtzulassung zur Prüfung führen?

Es besteht im PflBG eine ausdrückliche Regelung, nach der ein/e Auszubildende/r maximal 10 % des Unterrichts und 10 % der praktischen Ausbildungszeit wegen Krankheit oder anderen Gründen fehlen darf (§ 13 Abs. 1 PflBG).
Die Fehlzeiten dürfen außerdem den Umfang von 25 % der Stunden eines Pflichteinsatzes nicht überschreiten (§ 1 Abs. 4 PflAPrV). Auf Antrag kann die zuständige Behörde die Zulassung zur Prüfung auch bei über § 13 Abs. 1 PflBG hinausgehenden Fehlzeiten genehmigen, wenn eine besondere Härte vorliegt und das Erreichen des Ausbildungsziels hierdurch nicht gefährdet wird. Ansonsten kann die Ausbildungsdauer entsprechend verlängert werden. Zeiten für Tätigkeiten in der JAV/im Betriebsrat, Urlaub oder Bildungsurlaub dürfen nicht als Fehltage gewertet werden. Bei Schwangerschaft ist eine Fehlzeit von bis zu 14 Wochen möglich.

227. Werden Zeiten für die JAV als Fehlzeit im Sinne des § 13 Abs. 1 PflBG gerechnet?

Gemäß § 13 Abs. 3 PflBG werden Freistellungen für Tätigkeiten nach dem BetrVG, also auch die der JAV, nicht als Fehlzeiten gewertet. Diese sind also durch das Gesetz ausdrücklich ausgenommen.

228. Bekomme ich bei einer Ausbildung nach PflBG die Lehrmittel kostenlos zur Verfügung gestellt?

Der Träger der praktischen Ausbildung hat den Auszubildenden kostenlos Ausbildungsmittel einschließlich Fachbücher sowie Instrumente und Apparate zur Verfügung zu stellen, die zur praktischen Ausbildung und zum Ablegen der Abschlussprüfung erforderlich sind (§ 18 Abs. 1 Nr. 4 PflBG).

Auch die Lehrmittel für den theoretischen oder praktischen Unterricht sind den Auszubildenden kostenlos in ausreichender Anzahl durch die Pflegeschule zur Verfügung zu stellen (§ 9 Abs. 1 Nr. 3 PflBG).

229. Welche Pflichten haben Auszubildende nach dem PflBG?

Der/die Auszubildende hat sich zu bemühen, die Kompetenzen zu erwerben, die erforderlich sind, um das Ausbildungsziel zu erreichen. Er/sie ist nach § 17 PflBG insbesondere verpflichtet,

1. an den vorgeschriebenen Ausbildungsveranstaltungen der Pflegeschule teilzunehmen,
2. die ihr oder ihm im Rahmen der Ausbildung übertragenen Aufgaben sorgfältig auszuführen,
3. einen schriftlichen oder elektronischen Ausbildungsnachweis zu führen,
4. die für Beschäftigte in den Einrichtungen nach § 7 PflBG geltenden Bestimmungen über die Schweigepflicht einzuhalten und über Betriebsgeheimnisse Stillschweigen zu wahren und
5. die Rechte der zu pflegenden Menschen zu achten.

D. Betriebsverfassungsgesetz

Einführung

Das BetrVG wird folgend in den JAV-relevanten Auszügen wiedergegeben. Vorangestellt werden die JAV-spezifischen Paragrafen, die ihrerseits teilweise auf Paragrafen betreffend den Betriebsrat, insbesondere die Geschäftsführung und die Betriebsversammlung verweisen und damit als Dreh- und Angelpunkt dienen. Ergänzt werden die gesetzlichen Auszüge durch die in diesem Buch genannten und damit für die JAV besonders relevanten Paragrafen des BetrVG.

I. Betriebliche Jugend- und Auszubildendenvertretung

§ 60 Errichtung und Aufgabe

(1) In Betrieben mit in der Regel mindestens fünf Arbeitnehmern, die das 18. Lebensjahr noch nicht vollendet haben (jugendliche Arbeitnehmer) oder die zu ihrer Berufsausbildung beschäftigt sind, werden Jugend- und Auszubildendenvertretungen gewählt.
(2) Die Jugend- und Auszubildendenvertretung nimmt nach Maßgabe der folgenden Vorschriften die besonderen Belange der in Absatz 1 genannten Arbeitnehmer wahr.

§ 61 Wahlberechtigung und Wählbarkeit

(1) Wahlberechtigt sind alle in § 60 Abs. 1 genannten Arbeitnehmer des Betriebs.
(2) Wählbar sind alle Arbeitnehmer des Betriebs, die das 25. Lebensjahr noch nicht vollendet haben oder die zu ihrer Berufsausbildung beschäftigt sind; § 8 Abs. 1 Satz 3 findet Anwendung. Mitglieder des Betriebsrats können nicht zu Jugend- und Auszubildendenvertretern gewählt werden.

§ 62 Zahl der Jugend- und Auszubildendenvertreter, Zusammensetzung der Jugend- und Auszubildendenvertretung

(1) Die Jugend- und Auszubildendenvertretung besteht in Betrieben mit in der Regel
5 bis 20 der in § 60 Abs. 1 genannten Arbeitnehmer aus einer Person,
21 bis 50 der in § 60 Abs. 1 genannten Arbeitnehmer aus 3 Mitgliedern,
51 bis 150 der in § 60 Abs. 1 genannten Arbeitnehmer aus 5 Mitgliedern,
151 bis 300 der in § 60 Abs. 1 genannten Arbeitnehmer aus 7 Mitgliedern,
301 bis 500 der in § 60 Abs. 1 genannten Arbeitnehmer aus 9 Mitgliedern,
501 bis 700 der in § 60 Abs. 1 genannten Arbeitnehmer aus 11 Mitgliedern,
701 bis 1000 der in § 60 Abs. 1 genannten Arbeitnehmer aus 13 Mitgliedern,
mehr als 1000 der in § 60 Abs. 1 genannten Arbeitnehmer aus 15 Mitgliedern.
(2) Die Jugend- und Auszubildendenvertretung soll sich möglichst aus Vertretern der verschiedenen Beschäftigungsarten und Ausbildungsberufe der im Betrieb tätigen in § 60 Abs. 1 genannten Arbeitnehmer zusammensetzen.
(3) Das Geschlecht, das unter den in § 60 Abs. 1 genannten Arbeitnehmern in der Minderheit ist, muss mindestens entsprechend seinem zahlenmäßigen Verhältnis in der Jugend- und Auszubildendenvertretung vertreten sein, wenn diese aus mindestens drei Mitgliedern besteht.

§ 63 Wahlvorschriften

(1) Die Jugend- und Auszubildendenvertretung wird in geheimer und unmittelbarer Wahl gewählt.
(2) Spätestens acht Wochen vor Ablauf der Amtszeit der Jugend- und Auszubildendenvertretung bestellt der Betriebsrat den Wahlvorstand und seinen Vorsitzenden. Für die Wahl der Jugend- und Auszubildendenvertreter gelten § 14 Abs. 2 bis 5, § 16 Abs. 1 Satz 4 bis 6, § 18 Abs. 1 Satz 1 und Abs. 3 sowie die §§ 19 und 20 entsprechend.
(3) Bestellt der Betriebsrat den Wahlvorstand nicht oder nicht spätestens sechs Wochen vor Ablauf der Amtszeit der Jugend- und Auszubildendenvertretung oder kommt der Wahlvorstand seiner Verpflichtung nach § 18 Abs. 1 Satz 1 nicht nach, so gelten § 16 Abs. 2 Satz 1 und 2, Abs. 3 Satz 1 und § 18 Abs. 1 Satz 2 entsprechend; der Antrag beim Arbeitsgericht kann auch von jugendlichen Arbeitnehmern gestellt werden.
(4) In Betrieben mit in der Regel fünf bis 100 der in § 60 Abs. 1 genannten Arbeitnehmer gilt auch § 14a entsprechend. Die Frist zur Bestellung des Wahlvorstands wird im Fall des Absatzes 2 Satz 1 auf vier Wochen und im Fall des Absatzes 3 Satz 1 auf drei Wochen verkürzt.
(5) In Betrieben mit in der Regel 101 bis 200 der in § 60 Abs. 1 genannten Arbeitnehmer gilt § 14a Abs. 5 entsprechend.

§ 64 Zeitpunkt der Wahlen und Amtszeit

(1) Die regelmäßigen Wahlen der Jugend- und Auszubildendenvertretung finden alle zwei Jahre in der Zeit vom 1. Oktober bis 30. November statt. Für die Wahl der Jugend- und Auszubildendenvertretung außerhalb dieser Zeit gilt § 13 Abs. 2 Nr. 2 bis 6 und Abs. 3 entsprechend.
(2) Die regelmäßige Amtszeit der Jugend- und Auszubildendenvertretung beträgt zwei Jahre. Die Amtszeit beginnt mit der Bekanntgabe des Wahlergebnisses oder, wenn zu diesem Zeitpunkt noch eine Jugend- und Auszubildendenvertretung besteht, mit Ablauf von deren Amtszeit. Die Amtszeit endet spätestens am 30. November des Jahres, in dem nach Absatz 1 Satz 1 die regelmäßigen Wahlen stattfinden. In dem Fall des § 13 Abs. 3 Satz 2 endet die Amtszeit spätestens am 30. November des Jahres, in dem die Jugend- und Auszubildendenvertretung neu zu wählen ist. In dem Fall

des § 13 Abs. 2 Nr. 2 endet die Amtszeit mit der Bekanntgabe des Wahlergebnisses der neu gewählten Jugend- und Auszubildendenvertretung.
(3) Ein Mitglied der Jugend- und Auszubildendenvertretung, das im Laufe der Amtszeit das 25. Lebensjahr vollendet oder sein Berufsausbildungsverhältnis beendet, bleibt bis zum Ende der Amtszeit Mitglied der Jugend- und Auszubildendenvertretung.

§ 65 Geschäftsführung

(1) Für die Jugend- und Auszubildendenvertretung gelten § 23 Abs. 1, die §§ 24, 25, 26, 28 Abs. 1 Satz 1 und 2, die §§ 30, 31, 33 Abs. 1 und 2 sowie die §§ 34, 36, 37, 40 und 41 entsprechend.
(2) Die Jugend- und Auszubildendenvertretung kann nach Verständigung des Betriebsrats Sitzungen abhalten; § 29 gilt entsprechend. An diesen Sitzungen kann der Betriebsratsvorsitzende oder ein beauftragtes Betriebsratsmitglied teilnehmen.

§ 66 Aussetzung von Beschlüssen des Betriebsrats

(1) Erachtet die Mehrheit der Jugend- und Auszubildendenvertreter einen Beschluss des Betriebsrats als eine erhebliche Beeinträchtigung wichtiger Interessen der in § 60 Abs. 1 genannten Arbeitnehmer, so ist auf ihren Antrag der Beschluss auf die Dauer von einer Woche auszusetzen, damit in dieser Frist eine Verständigung, gegebenenfalls mit Hilfe der im Betrieb vertretenen Gewerkschaften, versucht werden kann.
(2) Wird der erste Beschluss bestätigt, so kann der Antrag auf Aussetzung nicht wiederholt werden; dies gilt auch, wenn der erste Beschluss nur unerheblich geändert wird.

§ 67 Teilnahme an Betriebsratssitzungen

(1) Die Jugend- und Auszubildendenvertretung kann zu allen Betriebsratssitzungen einen Vertreter entsenden. Werden Angelegenheiten behandelt, die besonders die in § 60 Abs. 1 genannten Arbeitnehmer betreffen,

so hat zu diesen Tagesordnungspunkten die gesamte Jugend- und Auszubildendenvertretung ein Teilnahmerecht.
(2) Die Jugend- und Auszubildendenvertreter haben Stimmrecht, soweit die zu fassenden Beschlüsse des Betriebsrats überwiegend die in § 60 Abs. 1 genannten Arbeitnehmer betreffen.
(3) Die Jugend- und Auszubildendenvertretung kann beim Betriebsrat beantragen, Angelegenheiten, die besonders die in § 60 Abs. 1 genannten Arbeitnehmer betreffen und über die sie beraten hat, auf die nächste Tagesordnung zu setzen. Der Betriebsrat soll Angelegenheiten, die besonders die in § 60 Abs. 1 genannten Arbeitnehmer betreffen, der Jugend- und Auszubildendenvertretung zur Beratung zuleiten.

§ 68 Teilnahme an gemeinsamen Besprechungen

Der Betriebsrat hat die Jugend- und Auszubildendenvertretung zu Besprechungen zwischen Arbeitgeber und Betriebsrat beizuziehen, wenn Angelegenheiten behandelt werden, die besonders die in § 60 Abs. 1 genannten Arbeitnehmer betreffen.

§ 69 Sprechstunden

In Betrieben, die in der Regel mehr als fünfzig der in § 60 Abs. 1 genannten Arbeitnehmer beschäftigen, kann die Jugend- und Auszubildendenvertretung Sprechstunden während der Arbeitszeit einrichten. Zeit und Ort sind durch Betriebsrat und Arbeitgeber zu vereinbaren. § 39 Abs. 1 Satz 3 und 4 und Abs. 3 gilt entsprechend. An den Sprechstunden der Jugend- und Auszubildendenvertretung kann der Betriebsratsvorsitzende oder ein beauftragtes Betriebsratsmitglied beratend teilnehmen.

§ 70 Allgemeine Aufgaben

(1) Die Jugend- und Auszubildendenvertretung hat folgende allgemeine Aufgaben:

1. Maßnahmen, die den in § 60 Abs. 1 genannten Arbeitnehmern dienen, insbesondere in Fragen der Berufsbildung und der Übernahme der zu ihrer Berufsausbildung Beschäftigten in ein Arbeitsverhältnis, beim Betriebsrat zu beantragen;

1a. Maßnahmen zur Durchsetzung der tatsächlichen Gleichstellung der in § 60 Abs. 1 genannten Arbeitnehmer entsprechend § 80 Abs. 1 Nr. 2a und 2b beim Betriebsrat zu beantragen;

2. darüber zu wachen, dass die zugunsten der in § 60 Abs. 1 genannten Arbeitnehmer geltenden Gesetze, Verordnungen, Unfallverhütungsvorschriften, Tarifverträge und Betriebsvereinbarungen durchgeführt werden;

3. Anregungen von in § 60 Abs. 1 genannten Arbeitnehmern, insbesondere in Fragen der Berufsbildung, entgegenzunehmen und, falls sie berechtigt erscheinen, beim Betriebsrat auf eine Erledigung hinzuwirken. Die Jugend- und Auszubildendenvertretung hat die betroffenen in § 60 Abs. 1 genannten Arbeitnehmer über den Stand und das Ergebnis der Verhandlungen zu informieren;

4. die Integration ausländischer, in § 60 Abs. 1 genannter Arbeitnehmer im Betrieb zu fördern und
   entsprechende Maßnahmen beim Betriebsrat zu beantragen.

(2) Zur Durchführung ihrer Aufgaben ist die Jugend- und Auszubildendenvertretung durch den Betriebsrat rechtzeitig und umfassend zu unterrichten. Die Jugend- und Auszubildendenvertretung kann verlangen, dass ihr der Betriebsrat die zur Durchführung ihrer Aufgaben erforderlichen Unterlagen zur Verfügung stellt.

§ 71 Jugend- und Auszubildendenversammlung

Die Jugend- und Auszubildendenvertretung kann vor oder nach jeder Betriebsversammlung im Einvernehmen mit dem Betriebsrat eine betriebliche Jugend- und Auszubildendenversammlung einberufen. Im Einvernehmen mit Betriebsrat und Arbeitgeber kann die betriebliche Jugend- und Auszubildendenversammlung auch zu einem anderen Zeitpunkt einberufen werden. § 43 Abs. 2 Satz 1 und 2, die §§ 44 bis 46 und § 65 Abs. 2 Satz 2 gelten entsprechend.

II. Gesamt-Jugend- und Auszubildendenvertretung

§ 72 Voraussetzungen der Errichtung, Mitgliederzahl, Stimmengewicht

(1) Bestehen in einem Unternehmen mehrere Jugend- und Auszubildendenvertretungen, so ist eine Gesamt-Jugend- und Auszubildendenvertretung zu errichten.
(2) In die Gesamt-Jugend- und Auszubildendenvertretung entsendet jede Jugend- und Auszubildendenvertretung ein Mitglied.
(3) Die Jugend- und Auszubildendenvertretung hat für das Mitglied der Gesamt-Jugend- und Auszubildendenvertretung mindestens ein Ersatzmitglied zu bestellen und die Reihenfolge des Nachrückens festzulegen.
(4) Durch Tarifvertrag oder Betriebsvereinbarung kann die Mitgliederzahl der Gesamt-Jugend- und Auszubildendenvertretung abweichend von Absatz 2 geregelt werden.
(5) Gehören nach Absatz 2 der Gesamt-Jugend- und Auszubildendenvertretung mehr als zwanzig Mitglieder an und besteht keine tarifliche Regelung nach Absatz 4, so ist zwischen Gesamtbetriebsrat und Arbeitgeber eine Betriebsvereinbarung über die Mitgliederzahl der Gesamt-Jugend- und Auszubildendenvertretung abzuschließen, in der bestimmt wird, dass Jugend- und Auszubildendenvertretungen mehrerer Betriebe eines Unternehmens, die regional oder durch gleichartige Interessen miteinander verbunden sind, gemeinsam Mitglieder in die Gesamt- Jugend- und Auszubildendenvertretung entsenden.
(6) Kommt im Fall des Absatzes 5 eine Einigung nicht zustande, so entscheidet eine für das Gesamtunternehmen zu bildende Einigungsstelle. Der Spruch der Einigungsstelle ersetzt die Einigung zwischen Arbeitgeber und Gesamtbetriebsrat.
(7) Jedes Mitglied der Gesamt-Jugend- und Auszubildendenvertretung hat so viele Stimmen, wie in dem Betrieb, in dem es gewählt wurde, in § 60 Abs. 1 genannte Arbeitnehmer in der Wählerliste eingetragen sind. Ist ein Mitglied der Gesamt-Jugend- und Auszubildendenvertretung für mehrere Betriebe entsandt worden, so hat es so viele Stimmen, wie in den Betrieben, für die es entsandt ist, in § 60 Abs. 1 genannte Arbeitnehmer in den Wählerlisten eingetragen sind. Sind mehrere Mitglieder der Jugend-

und Auszubildendenvertretung entsandt worden, so stehen diesen die Stimmen nach Satz 1 anteilig zu.

(8) Für Mitglieder der Gesamt-Jugend- und Auszubildendenvertretung, die aus einem gemeinsamen Betrieb mehrerer Unternehmen entsandt worden sind, können durch Tarifvertrag oder Betriebsvereinbarung von Absatz 7 abweichende Regelungen getroffen werden.

§ 73 Geschäftsführung und Geltung sonstiger Vorschriften

(1) Die Gesamt-Jugend- und Auszubildendenvertretung kann nach Verständigung des Gesamtbetriebsrats Sitzungen abhalten. An den Sitzungen kann der Vorsitzende des Gesamtbetriebsrats oder ein beauftragtes Mitglied des Gesamtbetriebsrats teilnehmen.

(2) Für die Gesamt-Jugend- und Auszubildendenvertretung gelten § 25 Abs. 1, die §§ 26, 28 Abs. 1 Satz 1, die §§ 30, 31, 34, 36, 37 Abs. 1 bis 3, die §§ 40, 41, 48, 49, 50, 51 Abs. 2 bis 5 sowie die §§ 66 bis 68 entsprechend.

III. Konzern-Jugend- und Auszubildendenvertretung

§ 73a Voraussetzung der Errichtung, Mitgliederzahl, Stimmengewicht

(1) Bestehen in einem Konzern (§ 18 Abs. 1 des Aktiengesetzes) mehrere Gesamt-Jugend- und Auszubildendenvertretungen, kann durch Beschlüsse der einzelnen Gesamt-Jugend- und Auszubildendenvertretungen eine Konzern-Jugend- und Auszubildendenvertretung errichtet werden. Die Errichtung erfordert die Zustimmung der Gesamt-Jugend- und Auszubildendenvertretungen der Konzernunternehmen, in denen insgesamt mindestens 75 vom Hundert der in § 60 Abs. 1 genannten Arbeitnehmer beschäftigt sind. Besteht in einem Konzernunternehmen nur eine Jugend- und Auszubildendenvertretung, so nimmt diese die Aufgaben einer Gesamt-Jugend- und Auszubildendenvertretung nach den Vorschriften dieses Abschnitts wahr.

(2) In die Konzern-Jugend- und Auszubildendenvertretung entsendet jede Gesamt-Jugend- und Auszubildendenvertretung eines ihrer Mitglieder. Sie hat für jedes Mitglied mindestens ein Ersatzmitglied zu bestellen und die Reihenfolge des Nachrückens festzulegen.
(3) Jedes Mitglied der Konzern-Jugend- und Auszubildendenvertretung hat so viele Stimmen, wie die Mitglieder der entsendenden Gesamt-Jugend- und Auszubildendenvertretung insgesamt Stimmen haben.
(4) § 72 Abs. 4 bis 8 gilt entsprechend.

§ 73b Geschäftsführung und Geltung sonstiger Vorschriften

(1) Die Konzern-Jugend- und Auszubildendenvertretung kann nach Verständigung des Konzernbetriebsrats Sitzungen abhalten. An den Sitzungen kann der Vorsitzende oder ein beauftragtes Mitglied des Konzernbetriebsrats teilnehmen.
(2) Für die Konzern-Jugend- und Auszubildendenvertretung gelten § 25 Abs. 1, die §§ 26, 28 Abs. 1 Satz 1, die §§ 30, 31, 34, 36, 37 Abs. 1 bis 3, die §§ 40, 41, 51 Abs. 3 bis 5, die §§ 56, 57, 58, 59 Abs. 2 und die §§ 66 bis 68 entsprechend.

IV. Schutzbestimmungen und Übernahmeanspruch

§ 78 Schutzbestimmungen

Die Mitglieder des Betriebsrats, des Gesamtbetriebsrats, des Konzernbetriebsrats, der Jugend- und Auszubildendenvertretung, der Gesamt-Jugend- und Auszubildendenvertretung, der Konzern-Jugend- und Auszubildendenvertretung, des Wirtschaftsausschusses, der Bordvertretung, des Seebetriebsrats, der in § 3 Abs. 1 genannten Vertretungen der Arbeitnehmer, der Einigungsstelle, einer tariflichen Schlichtungsstelle (§ 76 Abs. 8) und einer betrieblichen Beschwerdestelle (§ 86) sowie Auskunftspersonen (§ 80 Absatz 2 Satz 4) dürfen in der Ausübung ihrer Tätigkeit nicht gestört oder behindert werden. Sie dürfen wegen ihrer Tätigkeit nicht benachteiligt oder begünstigt werden; dies gilt auch für ihre berufliche Entwicklung.

Eine Begünstigung oder Benachteiligung liegt im Hinblick auf das gezahlte Arbeitsentgelt nicht vor, wenn das Mitglied einer in Satz 1 genannten Vertretung in seiner Person die für die Gewährung des Arbeitsentgelts erforderlichen betrieblichen Anforderungen und Kriterien erfüllt und die Festlegung nicht ermessensfehlerhaft erfolgt.

§ 78a Schutz Auszubildender in besonderen Fällen

(1) Beabsichtigt der Arbeitgeber, einen Auszubildenden, der Mitglied der Jugend- und Auszubildendenvertretung, des Betriebsrats, der Bordvertretung oder des Seebetriebsrats ist, nach Beendigung des Berufsausbildungsverhältnisses nicht in ein Arbeitsverhältnis auf unbestimmte Zeit zu übernehmen, so hat er dies drei Monate vor Beendigung des Berufsausbildungsverhältnisses dem Auszubildenden schriftlich mitzuteilen.

(2) Verlangt ein in Absatz 1 genannter Auszubildender innerhalb der letzten drei Monate vor Beendigung des Berufsausbildungsverhältnisses schriftlich vom Arbeitgeber die Weiterbeschäftigung, so gilt zwischen Auszubildendem und Arbeitgeber im Anschluss an das Berufsausbildungsverhältnis ein Arbeitsverhältnis auf unbestimmte Zeit als begründet. Auf dieses Arbeitsverhältnis ist insbesondere § 37 Abs. 4 und 5 entsprechend anzuwenden.

(3) Die Absätze 1 und 2 gelten auch, wenn das Berufsausbildungsverhältnis vor Ablauf eines Jahres nach Beendigung der Amtszeit der Jugend- und Auszubildendenvertretung, des Betriebsrats, der Bordvertretung oder des Seebetriebsrats endet.

(4) Der Arbeitgeber kann spätestens bis zum Ablauf von zwei Wochen nach Beendigung des Berufsausbildungsverhältnisses beim Arbeitsgericht beantragen,

1. festzustellen, dass ein Arbeitsverhältnis nach Absatz 2 oder 3 nicht begründet wird, oder
2. das bereits nach Absatz 2 oder 3 begründete Arbeitsverhältnis aufzulösen,

wenn Tatsachen vorliegen, aufgrund derer dem Arbeitgeber unter Berücksichtigung aller Umstände die Weiterbeschäftigung nicht zugemutet werden kann. In dem Verfahren vor dem Arbeitsgericht sind der Betriebsrat,

die Bordvertretung, der Seebetriebsrat, bei Mitgliedern der Jugend- und Auszubildendenvertretung auch diese Beteiligte.
(5) Die Absätze 2 bis 4 finden unabhängig davon Anwendung, ob der Arbeitgeber seiner Mitteilungspflicht nach Absatz 1 nachgekommen ist.

V. Verweis auf Geschäftsführung des Betriebsrats

§ 23 Verletzung gesetzlicher Pflichten

(1) Mindestens ein Viertel der wahlberechtigten Arbeitnehmer, der Arbeitgeber oder eine im Betrieb vertretene Gewerkschaft können beim Arbeitsgericht den Ausschluss eines Mitglieds aus dem Betriebsrat oder die Auflösung des Betriebsrats wegen grober Verletzung seiner gesetzlichen Pflichten beantragen. Der Ausschluss eines Mitglieds kann auch vom Betriebsrat beantragt werden.
(…)

§ 24 Erlöschen der Mitgliedschaft

Die Mitgliedschaft im Betriebsrat erlischt durch
1. Ablauf der Amtszeit,
2. Niederlegung des Betriebsratsamtes,
3. Beendigung des Arbeitsverhältnisses,
4. Verlust der Wählbarkeit,
5. Ausschluss aus dem Betriebsrat oder Auflösung des Betriebsrats aufgrund einer gerichtlichen Entscheidung,
6. gerichtliche Entscheidung über die Feststellung der Nichtwählbarkeit nach Ablauf der in § 19 Abs. 2 bezeichneten Frist, es sei denn, der Mangel liegt nicht mehr vor.

§ 25 Ersatzmitglieder

(1) Scheidet ein Mitglied des Betriebsrats aus, so rückt ein Ersatzmitglied nach. Dies gilt entsprechend für die Stellvertretung eines zeitweilig verhinderten Mitglieds des Betriebsrats.
(2) Die Ersatzmitglieder werden unter Berücksichtigung des § 15 Abs. 2 der Reihe nach aus den nichtgewählten Arbeitnehmern derjenigen Vorschlagslisten entnommen, denen die zu ersetzenden Mitglieder angehören. Ist eine Vorschlagsliste erschöpft, so ist das Ersatzmitglied derjenigen Vorschlagsliste zu entnehmen, auf die nach den Grundsätzen der Verhältniswahl der nächste Sitz entfallen würde. Ist das ausgeschiedene oder verhinderte Mitglied nach den Grundsätzen der Mehrheitswahl gewählt, so bestimmt sich die Reihenfolge der Ersatzmitglieder unter Berücksichtigung des § 15 Abs. 2 nach der Höhe der erreichten Stimmenzahlen.

§ 26 Vorsitzender

(1) Der Betriebsrat wählt aus seiner Mitte den Vorsitzenden und dessen Stellvertreter.
(2) Der Vorsitzende des Betriebsrats oder im Fall seiner Verhinderung sein Stellvertreter vertritt den Betriebsrat im Rahmen der von ihm gefassten Beschlüsse. Zur Entgegennahme von Erklärungen, die dem Betriebsrat gegenüber abzugeben sind, ist der Vorsitzende des Betriebsrats oder im Fall seiner Verhinderung sein Stellvertreter berechtigt.

§ 28 Übertragung von Aufgaben auf Ausschüsse

(1) Der Betriebsrat kann in Betrieben mit mehr als 100 Arbeitnehmern Ausschüsse bilden und ihnen bestimmte Aufgaben übertragen. Für die Wahl und Abberufung der Ausschussmitglieder gilt § 27 Abs. 1 Satz 3 bis 5 entsprechend. (…)

§ 29 Einberufung der Sitzungen

(1) Vor Ablauf einer Woche nach dem Wahltag hat der Wahlvorstand die Mitglieder des Betriebsrats zu der nach § 26 Abs. 1 vorgeschriebenen Wahl einzuberufen. Der Vorsitzende des Wahlvorstands leitet die Sitzung, bis der Betriebsrat aus seiner Mitte einen Wahlleiter bestellt hat.
(2) Die weiteren Sitzungen beruft der Vorsitzende des Betriebsrats ein. Er setzt die Tagesordnung fest und leitet die Verhandlung. Der Vorsitzende hat die Mitglieder des Betriebsrats zu den Sitzungen rechtzeitig unter Mitteilung der Tagesordnung zu laden. Dies gilt auch für die Schwerbehindertenvertretung sowie für die Jugend- und Auszubildendenvertreter, soweit sie ein Recht auf Teilnahme an der Betriebsratssitzung haben. Kann ein Mitglied des Betriebsrats oder der Jugend- und Auszubildendenvertretung an der Sitzung nicht teilnehmen, so soll es dies unter Angabe der Gründe unverzüglich dem Vorsitzenden mitteilen. Der Vorsitzende hat für ein verhindertes Betriebsratsmitglied oder für einen verhinderten Jugend- und Auszubildendenvertreter das Ersatzmitglied zu laden.
(3) Der Vorsitzende hat eine Sitzung einzuberufen und den Gegenstand, dessen Beratung beantragt ist, auf die Tagesordnung zu setzen, wenn dies ein Viertel der Mitglieder des Betriebsrats oder der Arbeitgeber beantragt.
(4) Der Arbeitgeber nimmt an den Sitzungen, die auf sein Verlangen anberaumt sind, und an den Sitzungen, zu denen er ausdrücklich eingeladen ist, teil. Er kann einen Vertreter der Vereinigung der Arbeitgeber, der er angehört, hinzuziehen.

§ 30 Betriebsratssitzungen

(1) Die Sitzungen des Betriebsrats finden in der Regel während der Arbeitszeit statt. Der Betriebsrat hat bei der Ansetzung von Betriebsratssitzungen auf die betrieblichen Notwendigkeiten Rücksicht zu nehmen. Der Arbeitgeber ist vom Zeitpunkt der Sitzung vorher zu verständigen. Die Sitzungen des Betriebsrats sind nicht öffentlich. Sie finden als Präsenzsitzung statt.
(2) Abweichend von Absatz 1 Satz 5 kann die Teilnahme an einer Betriebsratssitzung mittels Video- und Telefonkonferenz erfolgen, wenn

1. die Voraussetzungen für eine solche Teilnahme in der Geschäftsordnung unter Sicherung des Vorrangs der Präsenzsitzung festgelegt sind,
2. nicht mindestens ein Viertel der Mitglieder des Betriebsrats binnen einer von dem Vorsitzenden zu bestimmenden Frist diesem gegenüber widerspricht und
3. sichergestellt ist, dass Dritte vom Inhalt der Sitzung keine Kenntnis nehmen können.

Eine Aufzeichnung der Sitzung ist unzulässig.
(3) Erfolgt die Betriebsratssitzung mit der zusätzlichen Möglichkeit der Teilnahme mittels Video- und Telefonkonferenz, gilt auch eine Teilnahme vor Ort als erforderlich.

§ 31 Teilnahme der Gewerkschaften

Auf Antrag von einem Viertel der Mitglieder des Betriebsrats kann ein Beauftragter einer im Betriebsrat vertretenen Gewerkschaft an den Sitzungen beratend teilnehmen; in diesem Fall sind der Zeitpunkt der Sitzung und die Tagesordnung der Gewerkschaft rechtzeitig mitzuteilen.

§ 33 Beschlüsse des Betriebsrats

(1) Die Beschlüsse des Betriebsrats werden, soweit in diesem Gesetz nichts anderes bestimmt ist, mit der Mehrheit der Stimmen der anwesenden Mitglieder gefasst. Betriebsratsmitglieder, die mittels Video- und Telefonkonferenz an der Beschlussfassung teilnehmen, gelten als anwesend. Bei Stimmengleichheit ist ein Antrag abgelehnt.
(2) Der Betriebsrat ist nur beschlussfähig, wenn mindestens die Hälfte der Betriebsratsmitglieder an der Beschlussfassung teilnimmt; Stellvertretung durch Ersatzmitglieder ist zulässig.
(…)

§ 34 Sitzungsniederschrift

(1) Über jede Verhandlung des Betriebsrats ist eine Niederschrift aufzunehmen, die mindestens den Wortlaut der Beschlüsse und die Stimmenmehrheit, mit der sie gefasst sind, enthält. Die Niederschrift ist von dem Vorsitzenden und einem weiteren Mitglied zu unterzeichnen. Der Niederschrift ist eine Anwesenheitsliste beizufügen, in die sich jeder Teilnehmer eigenhändig einzutragen hat. Nimmt ein Betriebsratsmitglied mittels Video- und Telefonkonferenz an der Sitzung teil, so hat es seine Teilnahme gegenüber dem Vorsitzenden in Textform zu bestätigen. Die Bestätigung ist der Niederschrift beizufügen.

(2) Hat der Arbeitgeber oder ein Beauftragter einer Gewerkschaft an der Sitzung teilgenommen, so ist ihm der entsprechende Teil der Niederschrift abschriftlich auszuhändigen. Einwendungen gegen die Niederschrift sind unverzüglich schriftlich zu erheben; sie sind der Niederschrift beizufügen.

(3) Die Mitglieder des Betriebsrats haben das Recht, die Unterlagen des Betriebsrats und seiner Ausschüsse jederzeit einzusehen.

§ 36 Geschäftsordnung

Sonstige Bestimmungen über die Geschäftsführung sollen in einer schriftlichen Geschäftsordnung getroffen werden, die der Betriebsrat mit der Mehrheit der Stimmen seiner Mitglieder beschließt.

§ 37 Ehrenamtliche Tätigkeit, Arbeitsversäumnis

(1) Die Mitglieder des Betriebsrats führen ihr Amt unentgeltlich als Ehrenamt.

(2) Mitglieder des Betriebsrats sind von ihrer beruflichen Tätigkeit ohne Minderung des Arbeitsentgelts zu befreien, wenn und soweit es nach Umfang und Art des Betriebs zur ordnungsgemäßen Durchführung ihrer Aufgaben erforderlich ist.

(3) Zum Ausgleich für Betriebsratstätigkeit, die aus betriebsbedingten Gründen außerhalb der Arbeitszeit durchzuführen ist, hat das Betriebs-

ratsmitglied Anspruch auf entsprechende Arbeitsbefreiung unter Fortzahlung des Arbeitsentgelts. Betriebsbedingte Gründe liegen auch vor, wenn die Betriebsratstätigkeit wegen der unterschiedlichen Arbeitszeiten der Betriebsratsmitglieder nicht innerhalb der persönlichen Arbeitszeit erfolgen kann. Die Arbeitsbefreiung ist vor Ablauf eines Monats zu gewähren; ist dies aus betriebsbedingten Gründen nicht möglich, so ist die aufgewendete Zeit wie Mehrarbeit zu vergüten.

(4) Das Arbeitsentgelt von Mitgliedern des Betriebsrats darf einschließlich eines Zeitraums von einem Jahr nach Beendigung der Amtszeit nicht geringer bemessen werden als das Arbeitsentgelt vergleichbarer Arbeitnehmer mit betriebsüblicher beruflicher Entwicklung. Dies gilt auch für allgemeine Zuwendungen des Arbeitgebers.

(5) Soweit nicht zwingende betriebliche Notwendigkeiten entgegenstehen, dürfen Mitglieder des Betriebsrats einschließlich eines Zeitraums von einem Jahr nach Beendigung der Amtszeit nur mit Tätigkeiten beschäftigt werden, die den Tätigkeiten der in Absatz 4 genannten Arbeitnehmer gleichwertig sind.

(6) Die Absätze 2 und 3 gelten entsprechend für die Teilnahme an Schulungs- und Bildungsveranstaltungen, soweit diese Kenntnisse vermitteln, die für die Arbeit des Betriebsrats erforderlich sind. Betriebsbedingte Gründe im Sinne des Absatzes 3 liegen auch vor, wenn wegen Besonderheiten der betrieblichen Arbeitszeitgestaltung die Schulung des Betriebsratsmitglieds außerhalb seiner Arbeitszeit erfolgt; in diesem Fall ist der Umfang des Ausgleichsanspruchs unter Einbeziehung der Arbeitsbefreiung nach Absatz 2 pro Schulungstag begrenzt auf die Arbeitszeit eines vollzeitbeschäftigten Arbeitnehmers. Der Betriebsrat hat bei der Festlegung der zeitlichen Lage der Teilnahme an Schulungs- und Bildungsveranstaltungen die betrieblichen Notwendigkeiten zu berücksichtigen. Er hat dem Arbeitgeber die Teilnahme und die zeitliche Lage der Schulungs- und Bildungsveranstaltungen rechtzeitig bekannt zu geben. Hält der Arbeitgeber die betrieblichen Notwendigkeiten für nicht ausreichend berücksichtigt, so kann er die Einigungsstelle anrufen. Der Spruch der Einigungsstelle ersetzt die Einigung zwischen Arbeitgeber und Betriebsrat.

(7) Unbeschadet der Vorschrift des Absatzes 6 hat jedes Mitglied des Betriebsrats während seiner regelmäßigen Amtszeit Anspruch auf bezahlte Freistellung für insgesamt drei Wochen zur Teilnahme an Schulungs- und Bildungsveranstaltungen, die von der zuständigen obersten Arbeitsbehör-

de des Landes nach Beratung mit den Spitzenorganisationen der Gewerkschaften und der Arbeitgeberverbände als geeignet anerkannt sind. Der Anspruch nach Satz 1 erhöht sich für Arbeitnehmer, die erstmals das Amt eines Betriebsratsmitglieds übernehmen und auch nicht zuvor Jugend- und Auszubildendenvertreter waren, auf vier Wochen. Absatz 6 Satz 2 bis 6 findet Anwendung.

§ 40 Kosten und Sachaufwand des Betriebsrats

(1) Die durch die Tätigkeit des Betriebsrats entstehenden Kosten trägt der Arbeitgeber.
(2) Für die Sitzungen, die Sprechstunden und die laufende Geschäftsführung hat der Arbeitgeber in erforderlichem Umfang Räume, sachliche Mittel, Informations- und Kommunikationstechnik sowie Büropersonal zur Verfügung zu stellen.

VI. JA-Versammlung – Verweise auf Betriebsversammlung

§ 43 Regelmäßige Betriebs- und Abteilungsversammlung

(…)
(2) Der Arbeitgeber ist zu den Betriebs- und Abteilungsversammlungen unter Mitteilung der Tagesordnung einzuladen. Er ist berechtigt, in den Versammlungen zu sprechen. (…)

§ 44 Zeitpunkt und Verdienstausfall

(1) Die in den §§ 14a, 17 und 43 Abs. 1 bezeichneten und die auf Wunsch des Arbeitgebers einberufenen Versammlungen finden während der Arbeitszeit statt, soweit nicht die Eigenart des Betriebs eine andere Regelung zwingend erfordert. Die Zeit der Teilnahme an diesen Versammlungen einschließlich der zusätzlichen Wegezeiten ist den Arbeitnehmern wie

Arbeitszeit zu vergüten. Dies gilt auch dann, wenn die Versammlungen wegen der Eigenart des Betriebs außerhalb der Arbeitszeit stattfinden; Fahrkosten, die den Arbeitnehmern durch die Teilnahme an diesen Versammlungen entstehen, sind vom Arbeitgeber zu erstatten.
(2) Sonstige Betriebs- oder Abteilungsversammlungen finden außerhalb der Arbeitszeit statt. Hiervon kann im Einvernehmen mit dem Arbeitgeber abgewichen werden; im Einvernehmen mit dem Arbeitgeber während der Arbeitszeit durchgeführte Versammlungen berechtigen den Arbeitgeber nicht, das Arbeitsentgelt der Arbeitnehmer zu mindern.

§ 45 Themen der Betriebs- und Abteilungsversammlungen

Die Betriebs- und Abteilungsversammlungen können Angelegenheiten einschließlich solcher tarifpolitischer, sozialpolitischer, umweltpolitischer und wirtschaftlicher Art sowie Fragen der Förderung der Gleichstellung von Frauen und Männern und der Vereinbarkeit von Familie und Erwerbstätigkeit sowie der Integration der im Betrieb beschäftigten ausländischen Arbeitnehmer behandeln, die den Betrieb oder seine Arbeitnehmer unmittelbar betreffen; die Grundsätze des § 74 Abs. 2 finden Anwendung. Die Betriebs- und Abteilungsversammlungen können dem Betriebsrat Anträge unterbreiten und zu seinen Beschlüssen Stellung nehmen.

§ 46 Beauftragte der Verbände

(1) An den Betriebs- oder Abteilungsversammlungen können Beauftragte der im Betrieb vertretenen Gewerkschaften beratend teilnehmen. Nimmt der Arbeitgeber an Betriebs- oder Abteilungsversammlungen teil, so kann er einen Beauftragten der Vereinigung der Arbeitgeber, der er angehört, hinzuziehen.
(2) Der Zeitpunkt und die Tagesordnung der Betriebs- oder Abteilungsversammlungen sind den im Betriebsrat vertretenen Gewerkschaften rechtzeitig schriftlich mitzuteilen.

VII. GJAV – Verweise auf den GBR

§ 48 Ausschluss von Gesamtbetriebsratsmitgliedern

Mindestens ein Viertel der wahlberechtigten Arbeitnehmer des Unternehmens, der Arbeitgeber, der Gesamtbetriebsrat oder eine im Unternehmen vertretene Gewerkschaft können beim Arbeitsgericht den Ausschluss eines Mitglieds aus dem Gesamtbetriebsrat wegen grober Verletzung seiner gesetzlichen Pflichten beantragen.

§ 49 Erlöschen der Mitgliedschaft

Die Mitgliedschaft im Gesamtbetriebsrat endet mit dem Erlöschen der Mitgliedschaft im Betriebsrat, durch Amtsniederlegung, durch Ausschluss aus dem Gesamtbetriebsrat auf Grund einer gerichtlichen Entscheidung oder Abberufung durch den Betriebsrat.

§ 50 Zuständigkeit

(1) Der Gesamtbetriebsrat ist zuständig für die Behandlung von Angelegenheiten, die das Gesamtunternehmen oder mehrere Betriebe betreffen und nicht durch die einzelnen Betriebsräte innerhalb ihrer Betriebe geregelt werden können; seine Zuständigkeit erstreckt sich insoweit auch auf Betriebe ohne Betriebsrat. Er ist den einzelnen Betriebsräten nicht übergeordnet.
(2) Der Betriebsrat kann mit der Mehrheit der Stimmen seiner Mitglieder den Gesamtbetriebsrat beauftragen, eine Angelegenheit für ihn zu behandeln. Der Betriebsrat kann sich dabei die Entscheidungsbefugnis vorbehalten. § 27 Abs. 2 Satz 3 und 4 gilt entsprechend.

§ 51 Geschäftsführung

(...)
(3) Die Beschlüsse des Gesamtbetriebsrats werden, soweit nichts anderes bestimmt ist, mit Mehrheit der Stimmen der anwesenden Mitglieder gefasst. Mitglieder des Gesamtbetriebsrats, die mittels Video- und Tele-

fonkonferenz an der Beschlussfassung teilnehmen, gelten als anwesend. Bei Stimmengleichheit ist ein Antrag abgelehnt. Der Gesamtbetriebsrat ist nur beschlussfähig, wenn mindestens die Hälfte seiner Mitglieder an der Beschlussfassung teilnimmt und die Teilnehmenden mindestens die Hälfte aller Stimmen vertreten; Stellvertretung durch Ersatzmitglieder ist zulässig. § 33 Abs. 3 gilt entsprechend.

(4) Auf die Beschlussfassung des Gesamtbetriebsausschusses und weiterer Ausschüsse des Gesamtbetriebsrats ist § 33 Abs. 1 und 2 anzuwenden.

(5) Die Vorschriften über die Rechte und Pflichten des Betriebsrats gelten entsprechend für den Gesamtbetriebsrat, soweit dieses Gesetz keine besonderen Vorschriften enthält.

VIII. KJAV – Verweise auf den KBR

§ 56 Ausschluss von Konzernbetriebsratsmitgliedern

Mindestens ein Viertel der wahlberechtigten Arbeitnehmer der Konzernunternehmen, der Arbeitgeber, der Konzernbetriebsrat oder eine im Konzern vertretene Gewerkschaft können beim Arbeitsgericht den Ausschluss eines Mitglieds aus dem Konzernbetriebsrat wegen grober Verletzung seiner gesetzlichen Pflichten beantragen.

§ 57 Erlöschen der Mitgliedschaft

Die Mitgliedschaft im Konzernbetriebsrat endet mit dem Erlöschen der Mitgliedschaft im Gesamtbetriebsrat, durch Amtsniederlegung, durch Ausschluss aus dem Konzernbetriebsrat aufgrund einer gerichtlichen Entscheidung oder Abberufung durch den Gesamtbetriebsrat.

§ 58 Zuständigkeit

(1) Der Konzernbetriebsrat ist zuständig für die Behandlung von Angelegenheiten, die den Konzern oder mehrere Konzernunternehmen betreffen und nicht durch die einzelnen Gesamtbetriebsräte innerhalb ihrer Unter-

nehmen geregelt werden können; seine Zuständigkeit erstreckt sich insoweit auch auf Unternehmen, die einen Gesamtbetriebsrat nicht gebildet haben, sowie auf Betriebe der Konzernunternehmen ohne Betriebsrat. Er ist den einzelnen Gesamtbetriebsräten nicht übergeordnet.
(2) Der Gesamtbetriebsrat kann mit der Mehrheit der Stimmen seiner Mitglieder den Konzernbetriebsrat beauftragen, eine Angelegenheit für ihn zu behandeln. Der Gesamtbetriebsrat kann sich dabei die Entscheidungsbefugnis vorbehalten. § 27 Abs. 2 Satz 3 und 4 gilt entsprechend.

§ 59 Geschäftsführung

(...)
(2) Ist ein Konzernbetriebsrat zu errichten, so hat der Gesamtbetriebsrat des herrschenden Unternehmens oder, soweit ein solcher Gesamtbetriebsrat nicht besteht, der Gesamtbetriebsrat des nach der Zahl der wahlberechtigten Arbeitnehmer größten Konzernunternehmens zu der Wahl des Vorsitzenden und des stellvertretenden Vorsitzenden des Konzernbetriebsrats einzuladen. Der Vorsitzende des einladenden Gesamtbetriebsrats hat die Sitzung zu leiten, bis der Konzernbetriebsrat aus seiner Mitte einen Wahlleiter bestellt hat. § 29 Abs. 2 bis 4 gilt entsprechend.

IX. Für die JAV besonders wichtige Beteiligungsrechte des Betriebsrats

§ 87 Mitbestimmungsrechte

(1) Der Betriebsrat hat, soweit eine gesetzliche oder tarifliche Regelung nicht besteht, in folgenden Angelegenheiten mitzubestimmen:
1. Fragen der Ordnung des Betriebs und des Verhaltens der Arbeitnehmer im Betrieb;
2. Beginn und Ende der täglichen Arbeitszeit einschließlich der Pausen sowie Verteilung der Arbeitszeit auf die einzelnen Wochentage;
3. vorübergehende Verkürzung oder Verlängerung der betriebsüblichen Arbeitszeit;

   (...)

4. Aufstellung allgemeiner Urlaubsgrundsätze und des Urlaubsplans sowie die Festsetzung der zeitlichen Lage des Urlaubs für einzelne Arbeitnehmer, wenn zwischen dem Arbeitgeber und den beteiligten Arbeitnehmern kein Einverständnis erzielt wird;
   (…)

(2) Kommt eine Einigung über eine Angelegenheit nach Absatz 1 nicht zustande, so entscheidet die Einigungsstelle. Der Spruch der Einigungsstelle ersetzt die Einigung zwischen Arbeitgeber und Betriebsrat.

§ 94 Beurteilungsgrundsätze

(1) Personalfragebogen bedürfen der Zustimmung des Betriebsrats. Kommt eine Einigung über ihren Inhalt nicht zustande, so entscheidet die Einigungsstelle. Der Spruch der Einigungsstelle ersetzt die Einigung zwischen Arbeitgeber und Betriebsrat.
(2) Absatz 1 gilt entsprechend für persönliche Angaben in schriftlichen Arbeitsverträgen, die allgemein für den Betrieb verwendet werden sollen, sowie für die Aufstellung allgemeiner Beurteilungsgrundsätze.

§ 97 Einrichtungen und Maßnahmen der Berufsbildung

(1) Der Arbeitgeber hat mit dem Betriebsrat über die Errichtung und Ausstattung betrieblicher Einrichtungen zur Berufsbildung, die Einführung betrieblicher Berufsbildungsmaßnahmen und die Teilnahme an außerbetrieblichen Berufsbildungsmaßnahmen zu beraten.
(…)

§ 98 Durchführung betrieblicher Bildungsmaßnahmen

(1) Der Betriebsrat hat bei der Durchführung von Maßnahmen der betrieblichen Berufsbildung mitzubestimmen.
(2) Der Betriebsrat kann der Bestellung einer mit der Durchführung der betrieblichen Berufsbildung beauftragten Person widersprechen oder ihre Abberufung verlangen, wenn diese die persönliche oder fachliche, ins-

besondere die berufs- und arbeitspädagogische Eignung im Sinne des Berufsbildungsgesetzes nicht besitzt oder ihre Aufgaben vernachlässigt.
(3) Führt der Arbeitgeber betriebliche Maßnahmen der Berufsbildung durch oder stellt er für außerbetriebliche Maßnahmen der Berufsbildung Arbeitnehmer frei oder trägt er die durch die Teilnahme von Arbeitnehmern an solchen Maßnahmen entstehenden Kosten ganz oder teilweise, so kann der Betriebsrat Vorschläge für die Teilnahme von Arbeitnehmern oder Gruppen von Arbeitnehmern des Betriebs an diesen Maßnahmen der beruflichen Bildung machen.
(4) Kommt im Fall des Absatzes 1 oder über die nach Absatz 3 vom Betriebsrat vorgeschlagenen Teilnehmer eine Einigung nicht zustande, so entscheidet die Einigungsstelle. Der Spruch der Einigungsstelle ersetzt die Einigung zwischen Arbeitgeber und Betriebsrat.
(5) Kommt im Fall des Absatzes 2 eine Einigung nicht zustande, so kann der Betriebsrat beim Arbeitsgericht beantragen, dem Arbeitgeber aufzugeben, die Bestellung zu unterlassen oder die Abberufung durchzuführen. Führt der Arbeitgeber die Bestellung einer rechtskräftigen gerichtlichen Entscheidung zuwider durch, so ist er auf Antrag des Betriebsrats vom Arbeitsgericht wegen der Bestellung nach vorheriger Androhung zu einem Ordnungsgeld zu verurteilen; das Höchstmaß des Ordnungsgeldes beträgt 10 000 Euro. Führt der Arbeitgeber die Abberufung einer rechtskräftigen gerichtlichen Entscheidung zuwider nicht durch, so ist auf Antrag des Betriebsrats vom Arbeitsgericht zu erkennen, dass der Arbeitgeber zur Abberufung durch Zwangsgeld anzuhalten sei; das Höchstmaß des Zwangsgeldes beträgt für jeden Tag der Zuwiderhandlung 250 Euro. Die Vorschriften des Berufsbildungsgesetzes über die Ordnung der Berufsbildung bleiben unberührt.
(…)

§ 99 Mitbestimmung bei personellen Einzelmaßnahmen

(1) In Unternehmen mit in der Regel mehr als zwanzig wahlberechtigten Arbeitnehmern hat der Arbeitgeber den Betriebsrat vor jeder Einstellung, Eingruppierung, Umgruppierung und Versetzung zu unterrichten, ihm die erforderlichen Bewerbungsunterlagen vorzulegen und Auskunft über die Person der Beteiligten zu geben; er hat dem Betriebsrat unter Vorlage

der erforderlichen Unterlagen Auskunft über die Auswirkungen der geplanten Maßnahme zu geben und die Zustimmung des Betriebsrats zu der geplanten Maßnahme einzuholen. (…)
(2) Der Betriebsrat kann die Zustimmung verweigern, wenn (…)
(3) Verweigert der Betriebsrat seine Zustimmung, so hat er dies unter Angabe von Gründen innerhalb einer Woche nach Unterrichtung durch den Arbeitgeber diesem schriftlich mitzuteilen. Teilt der Betriebsrat dem Arbeitgeber die Verweigerung seiner Zustimmung nicht innerhalb der Frist schriftlich mit, so gilt die Zustimmung als erteilt.
(4) Verweigert der Betriebsrat seine Zustimmung, so kann der Arbeitgeber beim Arbeitsgericht beantragen, die Zustimmung zu ersetzen.

§ 102 Mitbestimmung bei Kündigungen

(1) Der Betriebsrat ist vor jeder Kündigung zu hören. Der Arbeitgeber hat ihm die Gründe für die Kündigung mitzuteilen. Eine ohne Anhörung des Betriebsrats ausgesprochene Kündigung ist unwirksam.
(2) Hat der Betriebsrat gegen eine ordentliche Kündigung Bedenken, so hat er diese unter Angabe der Gründe dem Arbeitgeber spätestens innerhalb einer Woche schriftlich mitzuteilen. Äußert er sich innerhalb dieser Frist nicht, gilt seine Zustimmung zur Kündigung als erteilt. Hat der Betriebsrat gegen eine außerordentliche Kündigung Bedenken, so hat er diese unter Angabe der Gründe dem Arbeitgeber unverzüglich, spätestens jedoch innerhalb von drei Tagen, schriftlich mitzuteilen. Der Betriebsrat soll, soweit dies erforderlich erscheint, vor seiner Stellungnahme den betroffenen Arbeitnehmer hören. § 99 Abs. 1 Satz 3 gilt entsprechend.
(…)

§ 103 Außerordentliche Kündigung und Versetzung in besonderen Fällen

(1) Die außerordentliche Kündigung von Mitgliedern des Betriebsrats, der Jugend- und Auszubildendenvertretung, der Bordvertretung und des Seebetriebsrats, des Wahlvorstands sowie von Wahlbewerbern bedarf der Zustimmung des Betriebsrats.

(2) Verweigert der Betriebsrat seine Zustimmung, so kann das Arbeitsgericht sie auf Antrag des Arbeitgebers ersetzen, wenn die außerordentliche Kündigung unter Berücksichtigung aller Umstände gerechtfertigt ist. In dem Verfahren vor dem Arbeitsgericht ist der betroffene Arbeitnehmer Beteiligter.
(…)

Stichwortverzeichnis